Karl Häusser

Die Lüge in der neueren Ethik

Verlag
der
Wissenschaften

Karl Häusser

Die Lüge in der neueren Ethik

ISBN/EAN: 9783957005311

Auflage: 1

Erscheinungsjahr: 2015

Erscheinungsort: Norderstedt, Deutschland

Hergestellt in Europa, USA, Kanada, Australien, Japan
Verlag der Wissenschaften in Hansebooks GmbH, Norderstedt

Die Lüge in der neueren Ethik.

———

Inaugural-Dissertation

zur

Erlangung der Doktorwürde

der

hohen philosophischen Fakultät

der

kgl. bayer. Friedrich-Alexanders-Universität Erlangen

vorgelegt von

Karl Häußer

aus Bühl in Baden.

Tag der mündlichen Prüfung: 11. Juli 1912.

———❖———

Erlangen.

K. B. Hof- und Universitätsbuchdruckerei von Junge & Sohn.

1912.

Dem Andenken meiner lieben Mutter.

Inhalt.

Von allen Einzelproblemen der Ethik ist keines wie das der Lüge Gegenstand langwieriger, durch die Jahrhunderte und Jahrtausende sich hindurchziehender, zuweilen mit Heftigkeit ausgetragener Streitigkeiten gewesen, und eben weil die Meinungen in wesentlichen Stücken auch heute noch von einer Übereinstimmung weit entfernt sind, hat es noch immer nicht aufgehört, ein Problem zu sein. Es müssen demnach besondere Schwierigkeiten sein, die sich einer befriedigenden Lösung desselben entgegenstellen.

Gewiß ist, daß schon in den frühesten Zeiten, als die Menschheit zwar eine ansehnliche Stufe der Kultur bereits erklommen hatte, aber noch einer mehrtausendjährigen Fortentwicklung bedurfte, ehe sie über das Wesen des Sittlichen nachzudenken beginnen konnte, die Verwerflichkeit der Lüge feststand. Denn schon in jenen, vergleichsweise noch immer primitiven Verhältnissen mußte sich die Lüge vor allem als ein antisoziales und darum kulturwidriges Element erweisen und sich daher den Charakter des Lasters zuziehen. Da nun auf jener Kulturstufe alle zur gedeihlichen Entwicklung der Gemeinschaft dienlichen Tendenzen als mit dem Willen der Gottheit übereinstimmend, die sie hemmenden als gottwidrig vorgestellt wurden, so konnte es nicht ausbleiben, daß den gegen die kulturfeindlichen Verhaltungsweisen und damit auch die Lüge sich richtenden Verdikten der Charakter göttlicher Verbote beigelegt wurde.[1]

Vielleicht die ältesten überlieferten Verbote der Lüge sind babylonischen Ursprungs. Eines derselben findet sich z. B. in den vor zehn Jahren wiederaufgefundenen Gesetzen des Königs Hammurabi (um 2250 v. Chr.), die übrigens, wiewohl sie sich jeder Verquickung von Recht und Religion enthalten, auf den Sonnengott als höchsten Gesetzgeber zurückgeführt werden. In dieser großen, 282 Vorschriften umfassenden Gesetzessammlung bestimmt der dritte Paragraph, daß derjenige, welcher in einem Rechtsstreit mit einem Lügenzeugnis hervortritt und seine Aussage nicht beweist, falls der Rechtsstreit ein solcher ums Leben ist, mit dem Tode bestraft werden soll. Außer dieser strafrechtlichen Bestimmung wider das falsche Zeugnis wird aber von den Babyloniern auch die Lüge überhaupt als eine gesetz- und gottwidrige Sünde ausdrücklich und wiederholt gebrandmarkt, die Wahrhaftigkeit dagegen als eine hohe Tugend gepriesen (Delitzsch, Babel und Bibel, 2. Vortr. 50. Aufl. 1903, S. 22 ff.; 3. Vortr. 6. Aufl. 1905, S. 19 f. sowie Anm. 18 u. 19).

Der Dekalog Mosis wendet sich gleichfalls nicht ausdrücklich gegen die Lüge als solche und begnügt sich das „falsche Zeugnis wider den Nächsten"[2] zu verbieten

---

[1] Es wird unten von Bedeutung sein und soll darum schon hier bemerkt werden, daß dergleichen hypothetische, ja historisch gesicherte Erkenntnisse von der Entstehung und allmählichen Entwicklung des Verbotes der Lüge ohne Belang sind für die schließlich doch vor allem anzustrebende Einsicht in die Natur derselben.

[2] Wie schon Augustin (De mend. V, 6) so versuchen auch neuere Theologen die Lüge allgemein als ein „falsches Zeugnis" zu begreifen, um dann behaupten zu können, daß jede Lüge von jenem Verbot betroffen werde. Dem gegenüber muß daran festgehalten werden, daß diese Vorschrift wie alle anderen der zweiten Hälfte des mosaischen

(2 Mof. 20, 16; 5 Mof. 5, 20), während der Dekalog
des Buddhismus die Lüge überhaupt verbietet, indes
so, daß dies Verbot nur für seine geistlichen Anhänger
dauernd, für die weltlichen Buddhisten dagegen gleich
anderen Vorschriften nur zu bestimmten Tagen unbedingt
verpflichtend ist (Silbernagl, Der Buddhismus, 1891,
S. 35 u. 57).

Im griechischen Mythos scheuen zwar selbst
Götter nicht vor der Lüge zurück, wie ihnen überhaupt
nichts Menschliches fremd ist. Here bedient sich ihrer, um
den Gemahl zu überlisten (Jl. 19, 106 ff.), und Hermes
(δόλιος) vollends zieht mit einem ganzen Wagen voller
Lügen und Ränke durch die Welt (Preller, Griechische
Mythologie, 2. A. 1860, 1. Bd. S. 314). Und doch erscheint die Lüge schon bei Homer, sobald sie nicht —
wie dies namentlich bei den Lügen des Odysseus der Fall
ist — den Charakter der List, insbesondere der Kriegslist trägt, als etwas durchaus Tadelnswürdiges. Von
Lügnern heißt es, daß sie keinen Beistand von Zeus zu
erhoffen haben (Jl. 4, 235) und ψεῦσται dient als Scheltwort (Jl. 24, 261). Den schönsten Ausdruck aber findet
der ehrliche Haß gegen die Lüge bei Homer in den Worten
des Achilles:

> Denn verhaßt ist mir jener so sehr wie des Aïdes
>   Pforten,
> Wer ein anderes birgt in der Brust und ein anderes
>   aussagt.

Dekalogs den Charakter einer Rechtsnorm besitzt (Wundt, Ethik,
3. A. 1903, 1. Bd. S. 102), so daß also die falsche Aussage vor Gericht gemeint ist. Übrigens definiert schon Thomas v. Aquino ganz
richtig: falsum (enim) testimonium est quaedam specificatio mendacii
(Sum. theol. II, 2, qu. 118, art. 8). — Daß damit nicht das sonstige
Verhalten ausgeschlossen werden soll, braucht nicht erst gesagt zu werden.

(Il. 9, 312f., nach der Übersetzung von L. Schmidt, Die Ethik der alten Griechen, 1882, 2. Bd. S. 405).

Daß im weiteren Verlauf der griechischen Entwicklung die Achtung vor der Wahrhaftigkeit zunahm, kann als feststehend und fast selbstverständlich angesehen werden. Dabei gibt Leop. Schmidt auf grund der freilich unzulänglichen literarischen Überlieferung der Vermutung Raum (l. c. S. 406 u. 413), daß in der Periode von dem homerischen Zeitalter bis auf die Perserkriege unter dem Einfluß des delphischen Apollokultus eine höhere Schätzung des Wahrheitssinnes in Griechenland heimisch gewesen sei als in der darauffolgenden, mehr nüchternen, praktischen Erwägungen zugänglichen Zeit. Nun darf aber gewiß angenommen werden, daß der in der ersteren Periode im griechischen Volke erwachte theoretische Trieb, der als sein ethisches Korrelat die persönliche Wahrhaftigkeit verlangt, zur Hochschätzung der letzteren das seinige beigetragen hat. Denn die Zeugnisse wider die Lüge, die sich für diese Periode beibringen lassen (Solon, Theognis, Pindar), fallen gerade in die Zeit der ersten philosophischen Versuche der Griechen. Wenn dann wirklich in der Sinnesart der Griechen die abstrakte, ideale Auffassung hinter einer mehr den realen Verhältnissen Rechnung tragenden Betrachtung der Dinge zurückgetreten ist, wie es der Fall gewesen zu sein scheint, so ließen sich zu dieser Wandlung der ethischen Anschauungen mehrfache Analogien in späteren Zeiten des ethischen Denkens aufzeigen.

Für die mit den Perserkriegen beginnende Periode, die in ihrem weiteren Verlauf die Blütezeit der griechischen Philosophie heraufführte, fallen demnach von philosophischen Stimmen vor allem die des Sokrates, Platon und Aristoteles ins Gewicht.

Nach der xenophontischen Darstellung (Mem. IV, 2,
17 ff.) billigt Sokrates, ganz in Übereinstimmung mit
seiner utilitarischen Auffassung des Sittlichen, unbedenklich
den Gebrauch der unwahren Rede, sofern diese zur Erreichung eines erstrebenswerten Zweckes dienen soll, wie
etwa die Vorspiegelungen eines Feldherrn zur Belebung
des gesunkenen Mutes seines Heeres oder die Täuschung
(ψεῦδος, ἀπάτη), durch welche ein Kranker zum Einnehmen einer heilsamen Arznei veranlaßt wird. Ja er
vermag, da für ihn die richtige Einsicht oder das Wissen
die Voraussetzung alles tugendhaften Handelns ist, eine
solche wissentlich angewandte Unwahrheit, selbst wenn
dadurch Freunde geschädigt werden sollten, noch lange
nicht für so schlimm anzusehen als eine ohne Wissen
und Absicht gebrauchte.

Nach Platon ist die eigentliche Lüge Göttern sowohl als Menschen verhaßt (. Τὸ μὲν δὴ τῷ ὄντι
ψεῦδος οὐ μόνον ὑπὸ θεῶν ἀλλὰ καὶ ὑπ’ ἀνθρώπων
μισεῖται, Rep. II 382 c). Aber nicht unter diesen Begriff fällt für ihn wie für Sokrates die nach Art einer
Arznei heilsame Täuschung (. ψεῦδος . ὡς φάρμακον
χρήσιμον, Rep. II 382 c, III 389 b). Und zwar steht es
den Herrschenden zu, sowohl Feinden als Bürgern gegenüber die Unwahrheit zu sagen, sofern es das Wohl des
Staates verlangt; wider die Obrigkeit dagegen ist jede
Lüge verboten (. Τοῖς ἄρχουσιν δὴ τῆς πόλεως, εἴπερ
τισὶν ἄλλοις, προσήκει ψεύδεσθαι ἢ πολεμίων ἢ πολιτῶν
ἕνεκα ἐπ’ ὠφελίᾳ τῆς πόλεως, τοῖς δὲ ἄλλοις πᾶσιν οὐχ
ἁπτέον τοῦ τοιούτου Rep. III 389 b, c). Es ist
indessen bemerkenswert, daß es Platon viel Selbstüber-
windung gekostet hat, solche Grundsätze zu verkünden
(Rep. III 414 b—e).

Daß jedoch auch im Zeitalter des Sokrates und Platon die ideale Auffassung keineswegs völlig verschwunden war, dafür legt Sophokles' Philoktetes ein beredtes Zeugnis ab, dieses Hohelied der Wahrhaftigkeit, aus dessen Krönung mit dem ersten Preise wohl entnommen werden darf, daß der Dichter mit seiner Behandlung des Problems den Beifall seiner Zeitgenossen gefunden hat. In dem das Drama durchziehenden Widerstreit der realen, in Odysseus, mit der idealen, in Neoptolemos verkörperten Anschauung trägt die letztere schließlich den Sieg davon. Neoptolemos, der seine Gewissensbedenken unter dem Einfluß des Odysseus zurückgedrängt hat, versteht sich endlich dazu die Unwahrheit zu sagen, um dem Heere der Griechen vor Troja Errettung zu bringen. Allein seine reine, allem Truge abholde Natur findet sich wieder und er bekennt die Wahrheit. Indem er aber im Konflikt der Pflichten sich für die Wahrhaftigkeit entscheidet, versagt er gegenüber dem Vaterlande, und es bedarf göttlichen Beistandes, um auch diese Aufgabe zu lösen[1]).

Von Aristoteles endlich rührt das nachmals oft wiederholte Wort her, daß die Lüge etwas an und für sich Böses und Tadelnswertes, die Wahrheitsliebe da-

---

[1]) M. Wundt (Gesch. d. griech. Ethik, 1908, 1. Bd. S. 235) meint, nur um in den Lauf der Sage einzumünden, habe der Dichter den Herakles erscheinen lassen. Dies aber wäre auch mit geringeren Mitteln als dem des deus ex machina zu erreichen gewesen. Es kam dem Dichter vielmehr darauf an zu zeigen, daß der in einen solchen sittlichen Konflikt gestellte Mensch, unfähig für sich allein beiden an ihn herantretenden Pflichten zu genügen, sich für die eine oder andere entscheiden muß, und zugleich darauf, den Standpunkt der (modern zu reden) rigoristischen Moral als den ihm sympathischeren zu kennzeichnen, ohne darum dem entgegengesetzten alle Berechtigung abzusprechen. Dies etwa ist auch die Meinung von L. Schmidt (l. c. S. 408).

gegen schön und löblich ist (καθ' αὑτὸ δὲ τὸ μὲν ψεῦδος φαῦλον καὶ ψεκτόν, τὸ δ' ἀληθὲς καλὸν καὶ ἐπαινετόν, Eth. Nic. IV 13).

Von den griechischen Ethikern der Folgezeit urteilen die Stoiker wieder ähnlich wie Sokrates und Platon. Auch sie schrecken nicht zurück vor der Anwendung einer Unwahrheit im Dienste einer guten Sache, wollen aber eine solche erlaubte Unwahrheit nicht Lüge genannt wissen (πολλάκις γὰρ οἱ σοφοὶ ψεύδει χρῶνται πρὸς τοὺς φαύλους ., aus einem Fragment von Chrysippos; ἐπιστήμην γὰρ εἶχεν [ὁ σοφὸς] ἀληθῶν καὶ οὔποτε ψεύδεται, κἂν ψεῦδος λέγῃ, διὰ τὸ μὴ ἀπὸ κακῆς, ἀλλ' ἀπὸ ἀστείας αὐτὸ διαθέσεως προφέρεσθαι, Sext. Emp., adv. math. VII 42; bei Zeller, Phil. d. Griechen, 3. Bd. 1. Abt., 4. Aufl. v. Wellmann, 1909, S. 286, Note 3).

Das Problem war aber damit für die griechische Ethik noch nicht entschieden, sondern beschäftigte auch in den folgenden Jahrhunderten immer wieder die Gemüter (C. Schmidt, l. c. S. 413).

Die christliche Religion will das Reich der Wahrheit auf Erden begründen (Joh. 18, 37); ihr Stifter ist frei von Sünde und allem Betrug (1 Petr. 2, 22), und von ihren Bekennern verlangt sie gleichfalls einen heiligen Lebenswandel (Matth. 5, 48). Dementsprechend erläßt sie auch ein unbedingtes Verbot der Lüge. Denn wenn Paulus den Seinen ans Herz legt, der Lüge zu entsagen (διὸ ἀποθέμενοι τὸ ψεῦδος λαλεῖτε ἀλήθειαν ἕκαστος μετὰ τοῦ πλησίον αὐτοῦ, ὅτι ἐσμὲν ἀλλήλων μέλη, Eph. 4, 25[1]);

---

[1]) Es widerspräche dem Geiste der christlichen Lehre, wollte man dieser Stelle den Sinn unterlegen, daß sie die Lüge nur gegen Glaubensgenossen, nicht aber gegen Andersdenkende verbiete, wogegen schon Augustinus Einsprache erhoben hat (. absit, ut sic intellegamus, tanquam [apostolus] loqui mendacium permiserit cum eis, qui nondum sunt nobiscum membra corporis Christi, Contra mend. c. 6 n. 15).

auch Kol. 3, 9), so will er sie offenbar völlig ausgeschlossen wissen, da er allgemein das Böse als Mittel zur Verwirklichung des Guten verwirft ([ποιεῖν] τὰ κακά, ἵνα ἔλθῃ τὰ ἀγαθά, Röm. 3, 8).

Trotz diesen unzweideutigen Forderungen des Neuen Testaments ist das Problem der Lüge auch unter den Kirchenvätern ein strittiges geblieben, bis Augustinus diese „magna quaestio" in Übereinstimmung mit der strengen paulinischen Auffassung entschied, indem er die in den biblischen Schriften berichteten Lügen z. T. nicht als wirkliche Lügen, soweit sie es aber sind, nicht als nachahmenswert gelten läßt (Contra mendacium, c. 21 n. 41; De mendacio, c. 21 n. 42). Denn die Lüge erscheint ihm als an und für sich böse (. per se ipsum, quia mendacium est, utique turpe est, De mend., c. 21 n. 42) und sie ist darum unter jedem möglichen Gesichtspunkt zu verwerfen (. numquam esse omnino mentiendum — quisque autem esse aliquod genus mendacii, quod peccatum non sit, putaverit, decipiet se ipsum turpiter, cum honestum se deceptorem arbitratur aliorum, Ibid.). — Was Augustinus als erlaubt zugesteht, ist lediglich die Verheimlichung der Wahrheit, die etwas anderes ist als Lügen: wiewohl jeder, der lügt, die Wahrheit verhehlen will, so wird doch nicht jeder, der die Wahrheit verhehlen will, lügen. Meist wird die Wahrheit durch bloßes Schweigen verborgen werden können (Contra mend., c. 10 n. 23). Bei der Erörterung von Gegenständen, die auf die Religion Bezug haben, wird unter Umständen ein solches Geheimhalten der Wahrheit geboten sein; doch darf dies niemals durch Lügen geschehen (De mend., c. 10 n. 17).

Die Lehre des Augustinus ist infolge seiner Autorität als größter der Kirchenväter die herrschende innerhalb der römiſchen Kirche geworden. Demgemäß folgen ſeinen Spuren auch die Scholaſtiker. Auch Albert der Große bleibt dabei, daß die Lüge niemals als erlaubt angeſehen werden darf, und zwar vor allem deshalb nicht, weil ſie dem Zweck der Rede, der Wahrheit, die über allem ſteht, zuwiderläuft (. mendacium inquantum est privativum ordinis sermonis ad optimum finem qui est veritas, Sum. theol. II, tract. 20, qu. 125, mem. 2). Damit wird hier vielleicht zum erſten Male ein Argument wider die Lüge vorgebracht, dem auch ſpäterhin von vielen große Bedeutung beigelegt wurde. — Selbſt dann, wenn ſie in der Erfüllung einer Liebespflicht (pietatis officium) ihren Urſprung hat und um des aus ihr entſpringenden ſozialen Nutzens, etwa der Rettung eines Menſchenlebens willen von dem bürgerlichen Geſetzgeber nicht als Schuld zugerechnet wird, ſelbſt dann noch iſt ſie dem Böſen und Unſittlichen zuzurechnen, deſſen Unſittlichkeit nicht wieder gut zu machen iſt, das darum unter keiner Bedingung getan werden darf (Obscoena autem quae nimia sua obscoenitate redimi non possunt, eo quod rationem et virtutem et naturam et consuetudinem subruunt, nullo modo facienda sunt, nec causa metus, nec causa alicuius violentiae: sed potius moriendum est, Lib. III Ethic., tract. I c. 5). Denn — ſagt Albert in Übereinſtimmung mit Ariſtoteles, an den er ſich in ſeiner Ethik anlehnt — die Lüge iſt, auch wenn ſie keinen Schaden verurſacht, an und für ſich ſchlecht und darum zu meiden, die Wahrheit hingegen in Wort und Tat an und für ſich gut und darum zu erſtreben (. mendacium secundum scipsum, quamvis nihil habeat adiunctum, secundum rectam rationem pravum est et fugiendum: et ideo fugiendum, quia pravum. Verum autem in dictis et factis secundum scipsum, quamvis nihil habeat adiunctum, bonum est et laudabile, et ideo persequendum, Lib. IV Ethic., tract. III c. 2).

Auch nach Thomas von Aquino, der sich gleich Albert auf Augustinus und Aristoteles beruft, ist die Lüge ihrer Art nach böse. Und diese Behauptung stützt er gleichfalls zunächst durch den Hinweis auf die Naturwidrigkeit der Lüge, welche ihr nicht minder als ein durch sie dem Nächsten zugefügter Schaden ihren Charakter als Sünde verleiht. Denn die Sprache dient natürlicherweise zur Mitteilung der Gedanken, und darum ist es unnatürlich und pflichtwidrig mit ihr zu bezeichnen, was man gar nicht im Sinne hat; die Lüge erscheint demnach unter allen Umständen verwerflich (mendacium . est malum ex genere. — innaturale est et indebitum, quod aliquis voce significet id quod non habet in mente. Unde Philosophus dicit quod mendacium est per se pravum et fugiendum: verum autem est bonum et laudabile. Unde omne mendacium est peccatum: sicut etiam Augustinus asserit etc. — mendacium non solum habet rationem peccati ex damno quod infert proximo, sed ex sua inordinatione Non licet autem aliqua illicita inordinatione uti ad impediendum nocumenta et defectus aliorum Sum. theol. II, 2, qu. 110, art. 3). — Natürlich erlaubt auch Thomas die Dissimulation im Sinne des Augustinus (Licet tamen veritatem occultare prudenter sub aliqua dissimulatione: ut Augustinus dicit etc. Ibid.).

Luther war, wenn er sich auch nicht in rigoristischem Sinne darüber ausgelassen hat, darum doch ein ehrlicher Feind der Lüge, zu welcher er einmal folgendermaßen Stellung nimmt: „Mich dünkt, daß kein schädlicher Laster auf Erden sei, denn Lügen und Untreue beweisen, welches alle Gemeinschaften der Menschen zertrennet. Denn Lügen

und Untreue zertrennet erstlich die Herzen; wenn die
Herzen zertrennet sind, so gehen die Hände auch von=
einander; wenn die Hände voneinander sind, was kann
man da tun oder schaffen? Wir Deutsche haben noch
ein Fünklein (Gott wolle es erhalten und aufblasen) von
der alten Tugend, nämlich, daß wir uns dennoch ein
wenig schämen und nicht gerne Lügner heißen, nicht dazu
lachen wie die Welschen und Griechen. Und obwohl die
welsche und griechische Unart einreißet, so ist dennoch
gleichwohl das übrig bei uns, daß kein ernster gräulicher
Scheltwort jemand reden oder hören kann, denn so er
Einen Lügner schilt oder gescholten wird" (bei Paulsen,
System d. Ethik, 8. Aufl. 1906, 2. Bd. S. 205 f.). Als
Luther auf der Höhe seiner großen Aufgabe stand, war
er auch ohne Zweifel entschlossen, „eher sich und die
ganze Welt zu opfern als die Wahrheit" (Friedr. v. Bezold,
Gesch. d. deutschen Reformation, 1890, S. 736). Dies war
der eigentliche Luther, der Held der Reformation, die im
selben Maße wie eine „Glaubensverbesserung" auch eine
Sittenverbesserung anstrebte und herbeiführte; war doch
schon der unmittelbare Anstoß zu ihr eine Reaktion eben=
sowohl gegen einen sittlichen Mißstand als einen auf
Abwege geratenen Glauben gewesen. Eine „erhöhte
Empfindlichkeit des Gewissens" hatte Platz gegriffen,
„welche eben zu den bedeutendsten Kennzeichen der großen
religiösen Bewegung zählt" (Bezold, l. c. S. 735). Ver=
gebens wird man darum auch versuchen, gegen den
Luther der Reformation und womöglich gegen diese und
den Protestantismus überhaupt die bedauerliche Haltung
des späteren Luther in der Angelegenheit der Doppelehe
des Landgrafen Philipp von Hessen auszuspielen. Die
Nachgiebigkeit Luthers gegenüber den Wünschen des um
seine große Sache verdienten Fürsten und vollends der

dringende Rat an denselben, die vollendete Tatsache durch
eine kräftige Lüge vor der Welt abzustreiten, sind zutreffend als ein Abfall Luthers von sich selbst charakterisiert worden. Sein und der anderen an diesem Handel
mitbeteiligten Reformatoren Verhalten läßt sich nur aus
der „vergiftenden Wirkung religiöser Kämpfe“ verstehen;
in furchtbarer Weise hatte diese „auch die Führer einer
Bewegung ergriffen, welche zur Rettung der Gewissen
und der Wahrheit in die Welt getreten war“ (Bezold, l. c.
S. 736).

Nicht ein Verlassen, sondern ein Hervorkehren seines
eigentlichen Standpunktes ist es dagegen, wenn Luthers
Zeitgenosse Niccolo Machiavelli insbesondere den
Großen der Erde den Gebrauch der Lüge und des Wort-
bruches anrät. Auch er vermag sich freilich nicht dem
Gefühle der Hochachtung vor den menschlichen Tugenden
zu entziehen und er verleiht demselben auch offenen Ausdruck. Aber weil im Leben der tugendhaft Handelnde
dem in seinen Mitteln minder Wählerischen gegenüber
ins Hintertreffen gerät, so empfiehlt er, wo immer es
zur Erreichung der verfolgten Ziele unumgänglich erscheint, rücksichtslos und entschlossen den Pfad der Tugend
zu verlassen. Wie die Menschen ihr Wort nicht zu halten
pflegen, so braucht es auch ihnen nicht gehalten zu
werden; da aber die Tugend bei ihnen, so wenig sie
auch taugen, etwas gilt, so ist wenigstens ihr Schein zu
wahren. („Ein kluger Fürst kann und darf daher sein
Wort nicht halten, wenn die Beobachtung desselben sich
gegen ihn selbst kehren würde und die Ursachen, die ihn
bewogen haben es zu geben, aufhören   und einem
Fürsten kann es nie an Vorwand fehlen es zu beschönigen,
wenn er es bricht   Ich wage es zu behaupten, daß
es sehr nachteilig ist, stets redlich zu sein: aber fromm,

treu, menschlich, gottesfürchtig, redlich zu scheinen ist sehr
nützlich. Man muß sein Gemüt so bilden, daß man,
wenn es notwendig ist, auch das Gegenteil davon vor-
bringen könne." Buch v. Fürsten, n. d. Übers. v. Rehberg,
Reclam-Ausg. S. 90 ff.)

Spinoza, der hierin besonders an die Stoa erinnernd
„seine Gebote in das antike Gewand eines Ideals des
weisen und freien Menschen kleidet" (Falckenberg, Gesch.
d. neueren Philos., 6. Aufl. 1908, S. 127), hat die im
Handeln sich offenbarende Unwahrhaftigkeit[1] im Auge,
wenn er sagt, daß der freie (d. h. der nur nach dem
Gebote der Vernunft lebende, Eth. IV prop. 67, dem.)
Mensch nie arglistig, sondern immer redlich handelt (homo
liber nunquam dolo malo, sed semper cum fide agit,
Eth. IV prop. 72). Selbst wenn ein Mensch sich durch
Treulosigkeit (perfidia) aus Todesgefahr erretten könnte,
würde ihm nicht die Vernunft mit Rücksicht auf seine
Selbsterhaltung raten können, treulos zu sein. Denn aus
einem solchen Rate würden sich widersinnige Folgerungen
ergeben (ibid., schol.). — Dagegen braucht ein Staats-
vertrag nur solange gehalten zu werden, als die Ursache
seines Abschlusses, nämlich Furcht vor Schaden oder Hoff-
nung auf Gewinn, wirksam ist. Sobald aber dies für
einen der Vertragsstaaten nicht mehr der Fall ist, kann

---

[1] Die zunächst befremdliche Tatsache, daß der „behauptenden" Lüge
(mendacium assertivum) in der „Ethik" an keiner Stelle gedacht wird,
erklärt sich aus Spinozas Grundüberzeugung von der Identität des
Erkennens und Wollens (voluntas et intellectus unum et idem sunt,
Eth. II prop. 49, cor.), wonach es selbstverständlich ist, daß der Mensch
das, was er als wahr erkannt hat, auch wahr haben will und nicht
leugnet, ähnlich wie später für Schleiermacher die „innere Lüge" bei
Kant eine Unbegreiflichkeit war: „. Wie kann einer das eine zwar
wissen, das Gegenteil aber glauben wollen?" (Grundlinien einer
Kritik der bisher. Sittenl., 1803, S. 287).

er die ihm unbequeme Fessel von sich aus abschütteln. Daher bleibt einem jeden Staate das Recht ungeschmälert einen Vertrag zu lösen, wann immer er mag. Und dies wäre nicht als arglistige oder treulose Handlungsweise zu bezeichnen, weil für beide vertragschließende Staaten gleichmäßig die Bedingung gilt, daß wer von ihnen zuerst die Befürchtung überwinden könne, seine Unabhängigkeit zurückgewinnen und dieselbe nach Gutdünken gebrauchen würde; sodann, weil niemand für die Zukunft einen Vertrag eingeht außer unter Zugrundelegung der vorhergehenden Umstände, mit deren Änderung sich aber auch die Beschaffenheit der ganzen Lage ändert (Tract. polit. III § 14).

Schon vor Spinoza, doch ohne diesen in ihre Kreise zu ziehen, hatte mit Hugo Grotius eine neue Phase in der Entwicklung des Problems begonnen, die sich unverkennbar bis gegen Ende des 18. Jahrhunderts erstreckt, um alsdann von den ethischen Überzeugungen einer anderen Zeit abgelöst zu werden. Grotius läßt sich in seinen Untersuchungen über die Lüge von juridischen Gesichtspunkten leiten. Er unterscheidet die Lüge im weiteren und engeren Sinne; die erstere ist die absichtliche Täuschung durch unwahre Worte oder Zeichen überhaupt, die letztere verletzt überdies noch das Recht des Getäuschten, nämlich die ihm zustehende Freiheit des Urteils (iudicandi libertas quam homines colloquentes his quibus colloquuntur debere quasi pacto quodam tacito intelliguntur). Nur diese letztere Lüge ist von Natur unerlaubt (naturaliter illicitum est, De iure belli ac pacis, lib. III c. I § 11). Einer solchen Rechtsverletzung durch eine Unwahrheit kann man sich denen gegenüber nicht schuldig machen, die ein freies Urteil überhaupt nicht besitzen, wie Kinder oder Geisteskranke

(l. c. § 12). Wird nicht der Angeredete, sondern ein Dritter getäuscht, so ist dies keine Lüge, selbst dann nicht, wenn die Täuschung des Dritten eine absichtliche war (l. c. § 13). Ferner ist die Unwahrheit keine eigentliche Lüge (mendacium stricte dictum i. e. iniuriosum), die in der Überzeugung gesagt wird, daß der Getäuschte die Verletzung seiner Urteilsfreiheit wegen des daraus entspringenden Nutzens nicht übelnehmen, sondern dafür Dank wissen werde. In solchen Fällen wird die vermutete für die ausdrückliche Einwilligung des Getäuschten genommen; „volenti autem constat iniuriam non fieri". Darum handelt nicht unsittlich, wer einen kranken Freund durch eine unwahre Rede tröstet oder den in der Schlacht wankend Gewordenen durch eine falsche Nachricht Mut einflößt. Die Verletzung der Freiheit des Urteils ist dabei eine um so geringfügigere, als sie eigentlich nur für den Augenblick erfolgt und die Wahrheit bald darnach aufgedeckt wird (l. c. § 14). Wer ferner ein alle Rechte des einzelnen überragendes Recht besitzt, kann dasselbe zu seinem eigenen oder dem öffentlichen Wohle gebrauchen, was Platon vorzüglich im Auge gehabt zu haben scheint, als er den Herrschenden das Recht zugestand, sich der Unwahrheit den Untertanen gegenüber zu bedienen (l. c. § 15). Auch dann liegt keine eigentliche Lüge vor, wenn das Leben eines Unschuldigen oder etwas dergleichen nicht anders gerettet oder ein Mensch von der Begehung eines Verbrechens nicht anders abgehalten werden kann als durch eine Täuschung (l. c. § 16). Ob die Unwahrheit den Feinden gegenüber erlaubt ist oder nicht, läßt Grotius ohne ausdrücklichen Entscheid (l. c. § 17), doch scheint er sie nicht zu mißbilligen. Durch ein Versprechen aber wird ein neues Recht auf den übertragen, dem es gegeben wird, und jenes ist darum ohne Zweifel auch den Feinden gegenüber zu halten (l. c. § 18). — Natürlich muß, da man nicht alles, was man weiß und will, anderen zu offenbaren gehalten ist, auch die Dissimulation (dissimulare quaedam apud quosdam, id est tegere et occultare) erlaubt sein, wie dies schon Augustinus (Contra mend. c. X) eingeräumt hatte (l. c. § 7). Bemerkenswert erscheint dagegen, daß Grotius auch die vieldeutige Rede nicht schlechthin verwirft, sofern sie nur in der einen ihrer Bedeutungen mit den Gedanken des Redenden übereinstimmt, sollte dieser auch glauben, daß seine Worte in einem anderen Sinne aufgefaßt würden. Warnt er auch vor dem leichtfertigen Gebrauch einer solchen Rede, so findet er sie doch unter besonderen Umständen, wie zur Belehrung oder zur Vermeidung unbequemer Fragen, gerechtfertigt (l. c. § 10).

Pufendorf stimmt in seinen Anschauungen über die Lüge in allem Wesentlichen mit Grotius überein, wie er überhaupt in dem, was er über die Pflichten des einzelnen oder die Menschenpflichten sagt, fortwährend an jenen erinnert (Erdmann, Grundr. d. Gesch. d. Philos., 4. Aufl. 1896, 2. Bd. S. 190). Auch Pufendorf unterscheidet zwischen der bloßen Unwahrheit oder Falschrede (falsiloquium) und der Lüge (mendacium). Erst wenn jemand ein Recht hat, die wahre Meinung eines anderen zu erfahren oder ihm aus ihrer Vorenthaltung ein unverdienter Schaden erwächst, wird seine bewußte Irreführung zur Lüge. „Inde omne quidem mendacium falsiloquium est, sed non omne falsiloquium mendacii nomine venire potest Nam falsiloquium quod propter certas circumstantias vituperationem effugit, mendacii nomine haudquidquam est notandum." Nur die eigentliche Lüge (mendacium proprie dictum) ist unsittlich (turpe) (De iure naturae et gentium, lib. IV

c. I § 9). Denn wo das Recht eines anderen nicht verletzt wird und der eigene Nutzen oder der eines anderen
auf sonstige Weise nicht gewahrt oder das bürgerliche
Wohl anders nicht erhalten werden kann, dort muß es
erlaubt sein, die Unwahrheit zu sagen (l. c. § 7). Nicht
ganz zureichend erscheint Pufendorf des Grotius Meinung
in der Frage, ob man sich Kindern gegenüber der unwahren Rede bedienen solle. Denn insofern diese Menschen
sind, sind sie Träger von Rechten, und da sie die Fähigkeit wenigstens einfache Dinge aufzufassen besitzen, so
sollen sie auch dasselbe Recht mit den Erwachsenen soweit
genießen, daß, was ihnen mitgeteilt werden muß, ihnen
in faßlicher Weise darzubieten ist. Solange sie aber das
Wesen der Dinge nicht zu begreifen vermögen, ist es
ersprießlich, sie mittelst Fabeln zu belehren und sie durch
erdichtete Schreckmittel in Zucht zu halten. Auch Irrsinnige wird man, da sie Vernunftgründen nicht zugäng-
lich sind, mit Recht durch fingierte Reden beschwichtigen
(l. c. § 15). Sodann kann von niemand behauptet werden,
daß er ein Recht auf eine Wahrheit habe, die zu seinem
Nachteil ausschlagen würde; es liegt also keine Rechtsverletzung vor, wenn er zu seinem eigenen Besten getäuscht wird. Daher haben an dem Laster der Lüge nicht
Teil und verdienen überdies das Lob der Klugheit alle
jene unwahren Reden, durch welche die Unschuld geschützt,
der Zornige besänftigt, der Traurige getröstet oder sonst
etwas Treffliches geleistet wird, das mit offener Rede
nicht bewirkt werden könnte. Eine solche heilsame Lüge
(mendacium salutare) ist immer erlaubt, sobald eine
Bürgerpflicht dadurch nicht verletzt wird (l. c. § 16).
Gleich Platon und unter Berufung auf denselben erklärt
es auch Pufendorf für zulässig, daß sich die Staatslenker
der Vorspiegelungen bedienen, um ihre Maßnahmen und

Absichten zu verschleiern, sofern dies im Staatsinteresse
geboten ist und durch bloßes Schweigen nicht hinlänglich
geschehen kann (l. c. § 17). In Übereinstimmung mit
Grotius hält ferner Pufendorf dafür, daß keine Rechtsverletzung vorliege, wenn durch ein Privatgespräch ein
Dritter irregeführt wird; jedoch darf eine solche Gelegenheit nicht absichtlich aufgesucht werden, denn die lex
humanitatis et caritatis verbietet, auf solche Weise einem
Dritten Schaden zuzufügen (l. c. § 18). Da zwischen Feinden die Pflicht die Gedanken einander zu offenbaren aufhört, so ist es keine Lüge, unwahre Nachrichten gegen
dieselben auszustreuen und sie durch falsche Gerüchte in
Schrecken zu setzen oder zu schädigen, solange nur nicht
einem befreundeten Dritten dadurch widerrechtlich Schaden
zugefügt wird. „Cui enim aperta vi nocere licet, quid
prohibet, quo minus per astutiam, et citra nostrum
periculum ei noceatur?“ Doch darf dies nicht auf Verträge ausgedehnt werden, welche auf die Beendigung oder
Unterbrechung des Krieges abzielen (l. c. § 19). Die
Frage, ob der Schuldige, ohne der Lüge geziehen zu
werden, das ihm zur Last gelegte Verbrechen vor Gericht
leugnen dürfe oder nicht, läßt Pufendorf unentschieden,
doch scheint er sie eher verneinen zu wollen (l. c. § 20).
Dem Advokaten sind in Zivilsachen Täuschungen jeder
Art zugunsten seines Klienten untersagt; in Kriminal-
sachen wird ein von Amts wegen dem Angeklagten zuge-
wiesener Anwalt, der jenen lediglich vor Verdächtigungen
und Unbill zu schützen hat, ebenfalls sich jeder Beschö-
nigung der Handlungsweise des Angeklagten zu enthalten
und sich auf die Zurückweisung der ihn bedrohenden Ver-
leumdungen und ungerechtfertigten Angriffe zu beschränken
haben. Ein von dem Angeklagten selbst als seine Mittels-
person beigezogener Anwalt dagegen wird sich derselben

Verteidigungsweise bedienen können, die dem Angeschuldigten, der seine Sache selbst führt, zuzubilligen ist. Jedenfalls steht nichts dem entgegen, daß ein unschuldig Angeklagter vor verworfenen Richtern auch mit Scheingründen (fictis quoque argumentis) verteidigt werde (l. c. § 21). — Die Verstellung, die nichts anderes ist als eine in Handlungen geäußerte Unwahrheit (simulatio in rebus), erscheint demgemäß unter denselben Bedingungen wie die unwahre Rede gerechtfertigt, also dann, wenn eine solche Handlung nicht gegen ein durch allgemeine oder private Übereinkunft statuiertes Recht verstößt und sie niemand widerrechtlich schädigt. Daß gegen den Feind, dem offen Schaden zugefügt werden darf, dergleichen Verstellungen statthaft sind, unterliegt keinem Zweifel (l. c. § 12). Ebenso ist gegen die Dissimulation, das Verschweigen eines Teiles der Wahrheit (partem veri non dicere seu dissimulare) nichts einzuwenden, sofern daraus etwas Übles nicht entstehen kann und man nicht gehalten ist, die volle Wahrheit zu sagen (l. c. § 11). Die doppelsinnige Rede (sermo ambiguus) läßt Pufendorf dann zu, wenn sie dem, der sie gebraucht, Nutzen bringt oder aus einer Verlegenheit hilft, ohne einem anderen zu schaden, und solange es nicht Pflicht ist, wie vor Gericht, in eindeutiger Weise auszusagen (l. c. § 15). Die Mentalreservationen dagegen verwirft er als der Lüge bezw. dem Meineid gleichkommend (l. c. § 14).

In ähnlichem Sinne wie die beiden zuletzt Genannten die Rechtsverletzung, macht Chr. Wolff die Schadenwirkung zu dem die Lüge als solche charakterisierenden Merkmal. Die Lüge ist „eine unwahre Rede, die zu des andern Schaden gereichet". Da man nun niemand Schaden zufügen soll, so folgt daraus, daß man auch nicht lügen darf (Vernünftige Gedanken von der Menschen Tun und

Laffen, 5. Aufl. 1736, 4. Kap. § 981). Da wir ferner unfer Beftes, foviel an uns liegt, befördern follen, fo kann dies auch durch unwahre Reden gefchehen, wenn fie niemand Schaden bringen. Desgleichen darf die Unwahrheit gefagt werden, um, wozu man ja verbunden ift, einen Schaden von dem anderen abzuwenden, fofern dies folchergeftalt ohne jemandes Nachteil gefchehen kann. In beiden Fällen liegt keine Lüge, fondern bloß eine Verftellung vor (l. c. § 985). Ift es alfo auch niemals erlaubt zu lügen, fo ift die Unwahrheit zu reden zuweilen nicht bloß erlaubt, fondern fogar Pflicht, dann nämlich, „wenn fie weder uns noch anderen zum Schaden, aber wohl zum Beften gereichet, als wenn man einem Feinde unrecht faget, wo der hingegangen ift, den er mit bloßem Degen verfolget" (l. c. § 987). Denn wir handelten wider das Gefetz der Natur, wenn wir die Wahrheit fagten und dadurch jemand zu Schaden bringen würden (l. c. § 988).

In der Sache der gleichen Anfchauung huldigend wie Wolf, geht Voltaire in der Form über jenen hinaus, indem er die Gutes ftiftende Lüge geradezu als eine Tugend preift: „Le mensonge n'est un vice que quand il fait du mal; c'est une très-grande vertu quand il fait du bien. Soyez donc plus vertueux que jamais. Il faut mentir comme un diable, non pas timidement, non pas pour un temps, mais hardiment et toujours .“ (Brief an Thieriot vom 21. Okt. 1736, Oeuvres compl., Nouv. édit. Garnier, Paris 1877—83, tome 34 [Corr. II]).

Dies in ihren Grundzügen die Entwicklung des Problems von den Anfängen ethifcher Gefinnung bis auf Kant. Es geht daraus hervor, wie eingehend man sich zu allen Zeiten mit der Frage der Erlaubtheit oder Unerlaubtheit der Lüge beschäftigt hat, und zugleich, eine wie verschiedene Beantwortung diese Frage durch das unmittelbare oder das reflektorische Denken gefunden hat. Indessen sind es doch eben nur zwei Hauptrichtungen, unter denen sich alle jene Lösungsversuche begreifen lassen: die rigoristische oder formalistische, welche immer und unter allen Umständen die Lüge für unerlaubt erklärt, und die indulgente, die sie in gewissen Fällen gutheißt. Die erstere findet vor allem ihren Ausdruck in den religiösen Vorschriften, zumal des Christentums, und den Stimmen derer, die sich in engstem Anschluß zu diesem bekennen; die letztere bekundet sich in den Anschauungen der Ethiker, welche in erster Linie zur Verhütung der Nachteile des Wahrheitsagens einem Kompromiß mit den Anforderungen des Lebens das Wort reden, welche die Lüge also vorzüglich aus praktischen Erwägungen zulassen, wiewohl dies, wie sich später zeigen wird, auch unter einem prinzipiell anderen Gesichtspunkte geschehen kann. Hierher gehören namentlich die griechischen Philosophen und von den Neueren besonders Grotius und seine Anhänger. Wie ganz unannehmbar aber die von den letzteren vertretenen Ansichten für das ethische Denken der Folgezeit waren, zeigt schon äußerlich die Heftigkeit, womit die kommenden großen Ethiker in die erneute Behandlung des Problems eintraten.

— —

Bekannt ist die rigoristische Stellung, die zu Beginn
der letzten großen Epoche der Philosophie insbesondere
Kant und Fichte in der Frage der Lüge einnahmen und
die man wohl als eine Reaktion gegen die in der Behandlung des Problems seit Grotius wieder herrschend
gewordene, in der deutschen Philosophie zuletzt von Wolff
bewiesene Konnivenz auffassen darf.

Kant bestreitet, daß schon die bloß juridische Fassung
des Begriffs der Lüge, d. h. die Definition derselben
lediglich als Verletzung einer Pflicht gegen andere, den
Zusatz bedürfe, sie müsse einem anderen schaden. „Denn
sie schadet jederzeit einem anderen, wenngleich nicht einem
anderen Menschen, doch der Menschheit überhaupt, indem
sie die Rechtsquelle unbrauchbar macht.“ Geschieht nämlich auch dem kein Unrecht, der ungerechterweise zu einer
Aussage nötigt, wenn ihm die Unwahrheit gesagt wird,
so trägt doch auch diese Unwahrheit dazu bei, daß Aussagen überhaupt keinen Glauben finden, somit auch alle
auf Verträge gegründeten Rechte hinfällig werden; dies
aber ist ein Unrecht, das der Menschheit überhaupt zugefügt wird. Darum steht fest: „Wahrhaftigkeit in Aussagen, die man nicht umgehen kann, ist formale Pflicht
des Menschen gegen jeden, es mag ihm oder einem
anderen daraus auch noch so großer Nachteil erwachsen“
(Über ein vermeintes Recht, aus Menschenliebe zu lügen,
S. W. hg. v. Hartenstein, 1867—68, 7. Bd. S. 308).

In der Ethik (Metaphysische Anfangsgründe der Tugendl., 1. Tl., 1. Bch. § 9, S. W. 7. Bd. S. 254 ff.) dagegen bezeichnet Kant die Lüge (aliud lingua promptum, aliud pectore inclusum gerere) als „die größte Verletzung der Pflicht des Menschen gegen sich selbst, bloß als moralisches Wesen betrachtet (gegen die Menschheit in seiner Person)". Sie kann eine äußere (mendacium externum) oder auch eine innere sein. „Durch jene macht sich der Mensch in anderer, durch diese aber, was noch mehr ist, in seinen eigenen Augen zum Gegenstande der Verachtung, und verletzt die Würde der Menschheit in seiner Person. Hiebei kömmt weder der Schade, der anderen Menschen daraus entspringen kann, da er nicht das Eigentümliche des Lasters trifft, (das alsdann bloß in der Verletzung der Pflicht gegen andere bestände,) in Anschlag, noch auch der Schade, den der Lügner sich selbst zuzieht; denn alsdann würde es bloß, als Klugheitsfehler, der pragmatischen, nicht der moralischen Maxime widerstreiten, und gar nicht als Pflichtverletzung angesehen werden können. — Die Lüge ist Wegwerfung und gleichsam Vernichtung seiner Menschenwürde. Ein Mensch, der selbst nicht glaubt, was er einem anderen (wenn es auch eine bloß idealische Person wäre) sagt, hat einen noch geringeren Wert, als wenn er bloß Sache wäre. Denn von dieser ihrer Eigenschaft, etwas zu nutzen, kann ein anderer doch irgend einen Gebrauch machen, weil sie etwas Wirkliches und Gegebenes ist; aber die Mitteilung seiner Gedanken an jemanden durch Worte, die doch das Gegenteil von dem (absichtlich) enthalten, was der Sprechende dabei denkt, ist ein der natürlichen Zweckmäßigkeit seines Vermögens der Mitteilung seiner Gedanken gerade entgegengesetzter Zweck, mithin Verzichttuung auf seine Persönlichkeit, wobei der Lügner sich als eine bloß täuschende Erscheinung vom Menschen, nicht als wahren Menschen zeigt." Selbst wenn ein guter Zweck durch die Lüge erstrebt wird, bleibt diese „durch die bloße Form ein Verbrechen des Menschen an seiner eigenen Person und eine Nichtswürdigkeit, die den Menschen in seinen eigenen Augen verächtlich machen muß". — Die innere Lüge, d. i. die vorsätzliche Selbsttäuschung, erklärt Kant als den Widerstreit des Menschen als physisches Wesen (homo phaenomenon) gegen seine Erklärung (declaratio) als moralisches Wesen (homo noumenon). Sie liegt z. B. dann vor, wenn jemand, ohne vom Dasein eines Gottes überzeugt zu sein, sich den Glauben an einen künftigen Weltrichter vorlügt, da dies auf keinen Fall etwas schaden, wohl aber unter Umständen nutzen könne. Diese Unehrlichkeit gegen sich selbst verdient um so entschiedenere Zurückweisung, als sie leicht auf das Verhältnis zu anderen Menschen übergreifen kann.

Ein Mensch, der lügt, hat gar keinen Charakter. Darum hat man sich bei der Erziehung der Kinder ihre Anleitung zur Wahrhaftigkeit ganz besonders angelegen sein zu lassen. Schon das Kind entwürdigt sich durch die Lüge und gibt sich der Verachtung preis. Deshalb soll es dafür auch nicht anders gestraft werden als durch einen Blick der Verachtung, der einzig zweckmäßigen Strafe für die Lüge. Dann, aber auch nur in diesem Falle, soll man ihm ein „Pfui, schäme dich!" zurufen (Über Pädagogik, S. W. 8. Bd. S. 493 ff.).

Preist Kant hier die Wahrhaftigkeit als den Grundzug und das Wesentliche eines Charakters, ist sie es, welche die Achtung vor der eigenen Person erhält (auch Krit. d. pr. V., S. W. 5. Bd. S. 97), erblickt er in der Aufrichtigkeit den Grund jedes tugendhaften Vorsatzes (Üb. d. Mißlingen aller philos. Versuche in der Theodizee,

S. W. 6. Bd. S. 91), so drängt es ihn um so mehr, sich im Sinne des paulinischen πᾶς ἄνθρωπος ψεύστης (Röm. 3, 4) über die Menschennatur auszusprechen. Die Falschheit scheint ihm in der menschlichen Natur gewurzelt zu sein (Tugendl., S. W. 7. Bd. S. 257); in dem Hang zur Falsch- heit und Unlauterkeit erblickt er ein Hauptgebrechen der menschlichen Natur (Über das Mißlingen usw., S. W. 6. Bd. S. 90); jeder könne wenigstens einen „Hang zur feinen Betrügerei" in sich antreffen (l. c. S. 93).

Sein Urteil über die Lüge aber faßt er kurz zu- sammen in dem „Bruchstück eines moralischen Katechis- mus" (Tugendl., S. W. 7. Bd. S. 292ff.), woselbst er auf die Frage des Lehrers: z. B. wenn dir ein Fall vorkommt, da du durch eine fein ausgedachte Lüge dir oder deinen Freunden einen großen Vorteil verschaffen kannst, ja noch dazu dadurch auch keinem anderen schadest, was sagt dazu deine Vernunft?" den Schüler erwidern läßt: „Ich soll nicht lügen; der Vorteil für mich und meinen Freund mag so groß sein, wie er immer wolle. Lügen ist niederträchtig und macht den Menschen un- würdig, glücklich zu sein. — Hier ist eine unbedingte Nötigung durch ein Vernunftgebot (oder Verbot), dem ich gehorchen muß; wogegen alle meine Neigungen ver- stummen müssen".[1]

---

[1] Zwei namhafte Mediziner, von denen der ältere, Chr. W. Hufe- land, ein Zeitgenosse und Bewunderer Kants war, während der jüngere, E. v. Feuchtersleben, in gewissem Sinne ein Schüler Kants genannt werden kann, beleuchten den Einfluß der Lüge (im weiteren Sinne) auf den Gesundheitszustand. Menschen, sagt Hufeland, welche nicht wahr sind, welche immer in Zwang, in Verstellung, in der Lüge leben, deren Worte und Handlungen in beständigem Wider- spruch mit ihrem Gefühle und Willen stehen, die sich endlich selbst verlieren und nicht wieder finden können, werden wie im Moralischen

Fichte wiederholt das absolute Verbot der Lüge (System der Sittenlehre, S. W. hg. v. J. H. Fichte, 1845 bis 1846, 4. Bd. S. 283 ff.), sowohl der eindeutigen bewußten Unwahrheit als der zweideutigen Rede, durch die ein anderer getäuscht werden soll; denn auf die Absicht kommt es an. „Ich bin absolute Aufrichtigkeit und Wahrhaftigkeit schlechthin jedermann schuldig; ich darf nichts reden wider die Wahrheit." Dies begründet Fichte, hierin von Kant abweichend, auf folgende Weise. Ein jeder hat auf Grund eigener Einsicht und aus eigenem guten Willen stets das Beste zu wählen. Dies aber wird durch seine Täuschung unmöglich gemacht. Widersittlich ist auch, durch eine Lüge einen anderen zur Vollbringung einer guten Handlung veranlassen zu wollen. Denn hierdurch wird der andere zum bloßen Mittel für den Endzweck des Täuschenden erniedrigt. Erfolgt aus einer solchen Lüge eine illegale Handlung, so fällt die Verantwortung auf den zurück, der die Unwahrheit gesagt hat. Kommt aber die gewünschte Handlung zustande, so ist sie bloß legal, aber nicht moralisch; denn sie ist nicht aus freier Wahl erfolgt, und „in der Form allein besteht das Wesen des Guten". Auch weiß man nicht

---

so auch im Physischen die unausweichlichen Wirkungen dieses unwahren Zustandes an sich erfahren, was dann näher ausgeführt wird (Die Kunst, d. menschl. Leben zu verlängern, 2. Aufl. 1799, 2. Tl. S. 179 f.). — Feuchtersleben charakterisiert die Lüge als „den Wurm, der uns verzehrt" und preist die Wahrhaftigkeit als eines der ersten Heilmittel gegen alle Übel des Menschengeschlechts. „Niemand hat den Mut, er selbst zu sein; und doch beruht alle Gesundheit nur auf der Behauptung des echten Selbst gegen alles, was das Individuum in die Enge treiben will   Wir können aber unserem Tode von dieser Seite entgehen, wenn wir nur Mut fassen; Mut, andere und uns selbst nicht zu belügen, — Mut zu sein, was wir sind." (Zur Diätetik der Seele, Kap. 10, 9. Aufl. 1852, S. 115 ff.)

und darf nie voraussetzen, daß ein anderer nur durch
eine Lüge zur Vollbringung einer erstrebenswerten oder
zur Unterlassung einer verwerflichen Handlung veranlaßt
werden könnte. Kennt man den schlimmen Vorsatz eines
anderen, so kann ihm darum doch die Wahrheit gesagt
werden, nur sind alsbald Vorstellungen zu machen, deren
Erfolglosigkeit nie vorausgesetzt werden darf; als letzter
Ausweg bleibt der Widerstand durch physische Mittel
übrig. „Es wird sonach hier auf immer der Vorwand
abgeschnitten, daß man in einer guten Absicht lüge: das,
was aus der Lüge erfolgt, ist nie gut." Die Verteidigung
der Notlüge wie jeder anderen Lüge um eines guten
Zweckes willen erklärt Fichte für widersinnig, da man
ja nicht wisse, ob die Versicherung, die Notlüge sei erlaubt, nicht selbst schon eine Lüge sei. Eine solche Maxime
müßte man in sich selbst verschließen, denn mitgeteilt hebe
sie sich selbst auf. Und sie erscheint ihm verkehrt; denn
„der Verteidiger deckt dadurch seine in Grund und Boden
verdorbene Denkart auf".

Diese Grundsätze wendet Fichte auf das bekannte,
schon von Wolff gebrauchte Schulbeispiel an: Ein von
seinem Feinde mit entblößtem Degen Verfolgter verberge
sich in einem Hause; der Verfolger komme an und frage,
wo jener sei. Soll der Gefragte, der das Versteck des
Verfolgten kennt, die Wahrheit sagen oder lügen? Weder
dies noch jenes, entscheidet Fichte. Vielmehr ist zu ent-
gegnen, daß man auf die Frage keine Antwort schuldig
sei, und dem Verfolger zuzusprechen, daß er von seinem
schlimmen Vorsatz abgehe, sowie ihn nicht im Zweifel
darüber zu lassen, daß man sich nach Kräften für den
Verfolgten einzusetzen bereit sei. Möglicherweise erziele
dies Verhalten den gewünschten Eindruck; wenn aber
nicht, so könne jener im physischen Kampfe, jetzt viel-

leicht mit Hilfe des zuerst Verfolgten oder auch anderer, die herbeigeeilt sind, überwältigt werden. Im schlimmsten Falle kann man nichts weiter als sterben und ist dadurch vor der Gefahr der Lüge gerettet. — Dieselbe Denkweise bekundete Fichte in einem von Steffens (Was ich erlebte, 4. Bd. 1841, S. 158f.) überlieferten Gespräche. Auf die Frage, was zu geschehen habe, wenn eine kranke Frau, der die geringste Erschütterung das Leben kosten werde, sich nach dem Befinden ihres eben gestorbenen Kindes erkundige, antwortete Fichte: „Sie soll mit ihrer Frage abgewiesen werden." „Das heißt also," erwiderte Steffens, „auf das bestimmteste sagen: ihr Kind sei tot. Ich würde lügen und ich nenne ganz entschieden diese Lüge eine Wahrheit, meine Wahrheit." Darauf Fichte entrüstet: „Deine Wahrheit? Eine solche, die dem einzelnen Menschen gehört, gibt es gar nicht; sie hat über Dich, Du nicht über sie zu gebieten. Stirbt die Frau an der Wahrheit, so soll sie sterben."

Die Falschheit bezeichnet Fichte ähnlich wie Kant als eines der Grundlaster der Menschen (l. c. S. 203). In der Verhüllung des wahren Selbst durch trügerischen Schein, wodurch sich der Lügende in einen inneren Zwiespalt und Widerspruch versetzt, offenbart sich die Verknüpfung der Lüge mit der Feigheit. Der Mangel an Mut aber entehrt den Menschen vor sich selbst und gibt ihn der Scham vor sich selbst preis, welche denn auch die Lüge mehr als jedes andere Vergehen wider das Gewissen zu begleiten pflegt.

Gegen diesen ethischen Formalismus wandte sich Jacobi in seinem Brief an Fichte, worin sich die berühmte Stelle findet („Jacobi an Fichte", 1799, S. 32f.), die nach Steffens' Mitteilung damals tiefen Eindruck hervorrief: „Ja, ich bin der Atheist und Gottlose, der dem

Willen, der nichts will, zuwider lügen will, wie Des-
demona sterbend log; lügen und betrügen will, wie der
für Orest sich darstellende Pylades — auch nur darum,
weil das Gesetz um des Menschen willen gemacht ist,
nicht der Mensch um des Gesetzes willen — Mit
der heiligsten Gewißheit, die ich in mir habe, weiß ich,
daß das privilegium aggratiandi wegen solcher Verbrechen
wider den reinen Buchstaben des absolut allgemeinen Ver-
nunftgesetzes das eigentliche Majestätsrecht des Menschen,
das Sigel seiner Würde, seiner göttlichen Natur ist."

Diese Stelle fand auch den Beifall Hegels, der sie
als „schön und ganz rein" bezeichnet (K. Fischer, Hegel,
4. A. 1901, 1. Tl. S. 263).

Auch Herbart vermag nicht das absolute Verbot
der Lüge zu übernehmen. Wohl verstößt diese gegen
seine sämtlichen „praktischen Ideen" (Allg. prakt. Philos.,
S. W. hg. v. Hartenstein, 8. Bd. 1851, S. 63ff.). Insofern sie sich nämlich gegen einen vertrauenden Willen
kehrt, ist sie eine Verhöhnung der Billigkeit. Insofern
sie einem die Wahrheit sich zueignenden Willen entgegen-
wirkt, verstößt sie gegen die Idee des Rechts. Entspringt
sie aus arglistiger Gesinnung, so lädt sie den Vorwurf
des Übelwollens auf sich. Unter dem Gesichtspunkt der
Selbsterniedrigung, der Wegwerfung seiner selbst, der
Schmach, die sich der Lügner zuzieht, wird die Lüge gemäß der Idee der Vollkommenheit verurteilt. Die in
ihr sich verratende Schwäche endlich ist eine Wirkung
ihres antisozialen Charakters; denn eben den gesellschaftlichen Menschen, nicht das Individuum verkleinert und
vernichtet sie, indem sie den Glauben, der die Menschheit
verbindet, zurückstößt. Wenn man aber von der aus
Übelwollen hervorgehenden, stets verwerflichen Lüge ab-
sieht, so wird man wohl achten müssen auf die grad-

weife Verfchiedenheit der übrigen Unwahrheiten, deren
Verurteilung von dem befonderen Verhältniffe des Willens
des Belogenen zu dem des Lügenden abhängig ift. Anders
wird die unbillige Täufchung des Freundes, anders die
unrechtliche falfche Ausfage vor der Obrigfeit empfunden.
Anders wieder, und zwar ohne Frage minder ftreng als
diefe beiden Arten der Lüge, wird die Täufchung des
rohen Volfes und der Kinder zu ihrem eigenen Beften
beurteilt werden müffen, zumal wenn man es fich angelegen fein läßt, fie in dem Maße aufzuflären, wie fie
aus der Roheit herausgehen. Dient die Lüge gar zur
Bewahrung eines Geheimniffes, deffen Exiftenz auch nur
ahnen zu laffen fchon Verrat gelobter Verfchwiegenheit
wäre, fo daß es alfo mit dem, einem Wahrheitsfreunde
nächftliegenden Auskunftsmittel eines Verweifes an
den indiskreten Frager nicht getan wäre, fo wird
eine folche Unwahrheit erft recht auf eine nachfichtige
Beurteilung zählen dürfen. Zwar wird auch in diefem
Falle das Verhältnis der aufeinanderprallenden Willen
des unbefugt Fragenden und des mit einer Unwahrheit
Antwortenden noch genug des Mißfallens erregen; immerhin wohl weniger, als eine Verletzung der Verfchwiegenheit im Gefolge gehabt haben möchte. Man hüte fich
alfo in der Frage der Lüge vor zu harten Maximen
und vertraue um fo mehr dem Zartgefühle des Gewiffens.
Als Regel freilich muß feftgehalten werden: „niemals
die Wahrheit zu verleugnen. Und insbefondere: fich
nicht in Kleinigkeiten daran zu gewöhnen“ (l. c. S. 67,
Note).

Dagegen folgt Friedr. Kraufe wieder den Spuren
Kants und Fichtes. Unter feinen „Geboten der Menfch-
heit an jeden einzelnen Menfchen“ (Syftem der Sittenl.,
hg. v. Hohlfeld und Wünfche, 1888, S. 435ff.) führt er

auch das Verbot auf: Nie zu lügen. Unter den Begriff der Lüge aber fällt „eine jede absichtliche Unwahrheit", „sobald in dem Mitteilenden die Überzeugung von der Unwahrheit dabei ist, sie werde nun durch Worte, die der Angeredete dem Sprachgebrauche gemäß nicht anders verstehen kann, ausgesprochen, oder durch Gebärden und wirkliche Handlungen oder auf was immer sonst für eine verständliche Weise vorgespiegelt" (l. c. S. 528). Verwerflich aber ist das Lügen, „weil es, als Verfälschung der Wesenheit, wesenwidrig, also ein Übel, mithin, sofern es gewollt wird, schlecht und gottwidrig ist, da Gott die Wahrheit und Wahrhaftigkeit ist, und du Gott auch hierin ganz und ohne Ausnahme gleichen sollst" Auch kann durch eine Lüge niemals Gutes gestiftet werden. Aber gesetzt auch, dies wäre möglich, so dürfte man dennoch nicht lügen. „Denn das Verbot der Lüge gründet sich auf die innere, selbwesentliche Schändlichkeit derselben und ist von den Folgen derselben, von Nutzen und Schaden, ganz unabhängig   So wenig durch einen Irrtum Wahres eingesehen werden kann, so wenig kann mittelst schlechter Handlungen Gutes getan werden" (l. c. S. 529). Auch ist es ganz unmöglich, die Folgen einer gesagten Wahrheit oder Lüge zu überschauen; aber „daß du wahrhaftig sein sollst, ohne alle Ausnahme, dies ist dir ohne allen Zweifel gewiß". Man soll darum seine Pflicht tun und die Sorge für die Folgen Gott überlassen. — Schweigen, wenn es für Einstimmung in eine Unwahrheit genommen werden kann, ist der Lüge gleich zu achten. Die Schändlichkeit der letzteren aber „besteht darin, daß sie die innere Einheit und Übereinstimmung (Harmonie) des Lügenden verneint und aufhebt, ihn gleichsam in zwei Personen zerspaltet, ihn sich selbst zum Gespenst macht. Dann darin, daß sie dasjenige

Wesentliche, worauf sich die Lüge bezieht, anders darstellt, als es ist; endlich darin, daß sie veranlaßt, oder gar beabsichtigt, daß der Belogene auf eine falsche Voraussetzung hin denke, empfinde, wolle und handle, daß sie also ihn betrügt und ihm Unrecht antut. Die Lüge zerstört also auf dreifache Weise das göttliche Ebenbild im Menschen" (l. c. S. 530). — Krause war der letzte von den namhafteren Vertretern der neueren philosophischen Ethik, der an dem absoluten Verbote der Lüge festgehalten hat.

Schopenhauer macht gegen die Behauptung, die Lüge sei unbedingt, ausnahmslos und ihrem Wesen nach verwerflich, den Einwand, daß sie ja sogar Pflicht sein könne, beispielsweise für Ärzte, und daß es auch edelmütige Lügen gebe, wie z. B. die, durch welche jemand die Schuld eines anderen auf sich laden will. Mit heftigen Worten tadelt er die von Kant und anderen versuchte Ableitung der Unrechtmäßigkeit der Lüge aus dem Sprachvermögen. Kant hätte, meint er, seinen bei jeder Gelegenheit wider die Lüge an den Tag gelegten Eifer gegen die Schadenfreude richten sollen: diese, nicht die Lüge, sei das eigentlich teuflische Laster (Die beiden Grundprobl. d. Ethik, 1841, S. 229 f.). — Nach Schopenhauer ist die Lüge nur dann unrechtmäßig, "sofern sie ein Werkzeug der List, d. h. des Zwanges mittelst der Motivation ist"; m. a. W.: nur die Lüge ist verwerflich, durch welche dem Intellekt des andern falsche Motive vorgeschoben werden, infolge deren er zu etwas genötigt wird, das er sonst nicht tun würde. Davon aber werden die meisten Lügen betroffen, wie schon die bloß windbeutelnde Lüge der Nötigung mittelst der Motivation dient, nämlich sich bei einem anderen in ein höheres Ansehen zu setzen, als dem Lügenden sonst möglich wäre (l. c. S. 226 f.). "Aber wie ich ohne Unrecht, also mit Recht, Gewalt durch Gewalt vertreiben kann, so kann ich, wo mir die Gewalt abgeht, oder es mir bequemer scheint, es auch durch List. Ich habe also in den Fällen, wo ich ein Recht zur Gewalt habe, es auch zur Lüge: so z. B. gegen Räuber   Aber das Recht zur Lüge geht in der Tat noch weiter: es tritt ein bei jeder völlig unbefugten Frage, welche meine persönlichen oder meine Geschäftsangelegenheiten betrifft, mithin vorwitzig ist, und deren Beantwortung nicht nur, sondern schon deren bloße Ablehnung durch ,Ich will's nicht sagen' als Verdacht erweckend mich in Gefahr bringen würde. Hier ist die Lüge die Notwehr gegen unbefugte Neugier, deren Motiv meistens kein wohlwollendes ist" (l. c. S. 227). Von diesem Recht zur Lüge aus Notwehr kann selbst in Fällen bloß präsumierten Übelwollens anderer Gebrauch gemacht werden; z. B. wird jeder verständige, auch der redlichste Mensch, der eine größere Geldsumme bei sich trägt, sich nicht bedenken, dies vor einem Unbekannten unter nicht ganz unverdächtigen Umständen auch durch eine Lüge geheimzuhalten,[1] und er wird hier ohne allen Gewissensskrupel lügen (l. c. S. 228 f.). Mit dieser Ansicht allein glaubt Schopenhauer „den schreienden Widerspruch zwischen der Moral, die gelehrt und der die täglich, selbst von den Redlichsten und Besten, ausgeübt wird," beseitigen zu können. Da er aber die Lüge an sich für „ein sehr gefährliches Werkzeug" hält und darum jeden Mißbrauch

---

[1] Dieses Beispiel veranschaulicht zugleich den Zusammenhang der Lüge mit der Furcht, auf den Schopenhauer wie vor ihm Fichte hinweist. Ähnlich erklärt schon Grotius: infirmitatis nota est ad talia confugere (De iure belli ac pacis, lib. III c. I § 15, 1). Denn die (tatsächliche oder bloß eingebildete) Schwäche, insbesondere die des Charakters, wird eben von Furcht begleitet.

dieser Lehre ausgeschlossen wissen will, so verlangt er, daß die angegebene Einschränkung auf den Fall der Not-wehr streng festgehalten werde. „Diesen Fall der Not-wehr gegen Gewalt oder List ausgenommen, ist jede Lüge ein Unrecht: daher die Gerechtigkeit Wahrhaftigkeit gegen jedermann fordert" (l. c. S. 229).

Bald nach Schopenhauer behandelte Stirner das Problem der Lüge von seinem Standpunkt des ethischen Radikalismus aus. Er stellt beides, Lüge und Wahr-haftigkeit, als an sich gleichgültige Mittel in den Dienst seines obersten Prinzips, des Egoismus. Um die Welt sich zu eigen zu machen, bedarf es der Gewalt, und man wird sie in der Form anwenden, die dem jeweiligen Zu-stande des eigenen Ichs angemessen ist. Wer nicht kate-gorisch fordern kann, wird sein Ziel durch Überredung oder Bitte, ja selbst durch Betrug, Heuchelei und Lüge zu erreichen suchen.[1] Letzteres sind die Mittel des Schwachen, gut genug für ein ziemlich Teil Welt. „Ohnehin sehen Betrug, Heuchelei, Lüge schlimmer aus als sie sind." Denn eine etwa begangene Ungesetzlichkeit vor der Polizei durch Heuchelei zu verbergen wird keiner zaudern außer dem „Schwächling aus Gewissen", der sich Gewalt antun läßt (Der Einzige und sein Eigentum,

---

[1] Hier berühren sich die in so verschiedenartigen Charakteren begründeten und auf so verschiedene Ziele abzweckenden Lehren Stirners und Machiavellis. Wie diesem zur Erlangung und Behauptung der Macht im Staate im Notfalle jedes Erfolg versprechende Mittel will-kommen ist, so jenem zur Überwindung der Welt in selbstsüchtigem Interesse. Die blutigen Verbrechen, vor denen Machiavellis Fürst unter Umständen nicht zurückschrecken darf, finden zwar an Stirner keinen Verteidiger, er bedarf sie aber auch nicht zu dem Selbstgenusse, um den es ihm allein zu tun ist; wiewohl er deren Zulässigkeit aus seinen Voraussetzungen leichter hätte ableiten können als Machiavelli, da dieser die Sittlichkeit als solche anerkennt, jener verneint.

Reclamſche A. S. 195). — Würde man der Wahrhaftig⸗
keit den Eigennutz zur Baſis geben, ſo würde jeder leicht
begreifen, daß er das Vertrauen zu ſich, das er bei
anderen erwecken will, durch Lügen verſcherzt; zugleich
würde aber auch erhellen, daß er nur dem die Wahrheit
zu ſagen habe, den er dazu befugt, ſie zu hören. Wird
etwa eine unter Freunden gefallene hochverräteriſche
Äußerung durch Zufall den Machthabern hinterbracht,
ſo wird ihr Urheber, vor die Wahl geſtellt, die Wahrheit
einzugeſtehen und damit ſein Leben zu verlieren oder
dieſes durch eine Lüge zu retten, wenn er kein Sklave
der Aufrichtigkeit iſt, unbedenklich zur Lüge greifen, ſelbſt
dann, wenn ihm am Leben nichts läge. Denn er ver⸗
neint den Willen derer, welche die Wahrheit von ihm
erfahren wollen, ohne daß er ſie hierzu ermächtigt hat
(l. c. S. 348 ff.). Wie weiland Sigismund ſein Fürſten⸗
wort brach und Luther ſeinem Mönchsgelübde untreu
wurde, beide als „Beſeſſene“, um der „höheren Wahrheit“
d. h. um Gottes willen, ſo ſagt der Egoiſt: „Meineid
und Lüge um meinetwillen!“ (l. c. S. 350). Hat er dem
Vertrauenden kein Recht zum Vertrauen gegeben, ſo
wird er ihm die Wahrheit auch nicht ſagen. Von dem
Verfolger ſeines Freundes gefragt, wohin dieſer ſich ge⸗
flüchtet habe, wird er jenen ſicherlich auf eine falſche
Fährte zu bringen ſuchen und nicht (wie Fichte den Fall
entſcheidet) die Antwort ablehnen und es dadurch ermög⸗
lichen, daß der Verfolger zufällig den Geſuchten antreffe.
Denn dann hätte die Wahrheitsliebe des Gefragten den
Freund ſeinem Feinde preisgegeben. Nur wer an der
Wahrheit ein Idol, ein Heiliges hat, muß ſich vor ihr
demütigen und dem „Heldenmut der Lüge“ entſagen. —
Verächtlich iſt allein, das freiwillig hervorgerufene Ver⸗
trauen des anderen zu täuſchen (l. c. S. 353).

Vier Jahrzehnte nach Stirner brachte der Vertreter eines andersartigen, übrigens zu dem des ersteren öfter ins Verhältnis gesetzten Radikalismus, Nietzsche, seine Meinung über die Lüge zum Ausdruck. Nietzsche glaubt Ursache zum Mißtrauen gegen die Philosophen zu haben, nicht weil sie so leicht die Wahrheit verfehlen, sondern weil „es bei ihnen nicht redlich genug zugeht: während sie allesamt einen großen und tugendhaften Lärm machen, sobald das Problem der Wahrhaftigkeit auch nur von ferne angerührt wird" (Jenseits von Gut und Böse, 1886, S. 7). Denn Nietzsche legt besonderen Wert auf die Charaktereigenschaften, welche (woran Wundt, Eth., 1. Bd. S. 519, erinnert) schon von Spinoza als die aktiven Tugenden gepriesen worden waren, unter ihnen die Redlichkeit, die Nietzsche wie Spinoza als eine Tugend des freien Menschen gilt.[1] „Redlichkeit, gesetzt daß dies unsre Tugend ist, von der wir nicht los können, wir freien Geister, — nun wir wollen mit aller Bosheit und Liebe an ihr arbeiten und nicht müde werden, uns in unsrer Tugend, die allein uns übrig blieb, zu ‚vervollkommnen'." Auch unter beschwerlichen Umständen ist an ihr unbeirrt festzuhalten; alle Instinkte müssen zu ihrer Unterstützung aufgeboten werden. Aber jede Tugend neigt zur Dummheit: „Unsre Redlichkeit, wir freien Geister, — sorgen wir dafür, daß sie nicht unsre Eitelkeit, unser Putz und Prunk, unsre Grenze, unsre Dummheit werde!" (l. c. Aphor. 227). Damit ist schon ausgesprochen, daß Nietzsche keineswegs einer rigoristischen Moral das Wort reden will. Eine „ehrliche" Lüge dünkt ihm vielmehr verzeihlich zu sein: „Was das eigentliche Merkmal

---

[1] Es besteht aber hier der wesentliche Unterschied, daß der Begriff der Freiheit in seinem positiven Sinne bei Spinoza eine intellektualistische, bei Nietzsche eine voluntaristische Färbung hat.

moderner Seelen, moderner Bücher ausmacht, das ist nicht die Lüge, sondern die eingefleischte Unschuld in der moralistischen Verlogenheit Unsre Gebildeten von heute, unsre ‚Guten‘ lügen nicht — das ist wahr; aber es gereicht ihnen nicht zur Ehre! Die eigentliche Lüge, die echte, resolute, ‚ehrliche‘ Lüge (über deren Wert man Plato hören möge) wäre für sie etwas bei weitem zu Strenges, zu Starkes; es würde verlangen, was man von ihnen nicht verlangen darf, daß sie die Augen gegen sich selbst aufmachten, daß sie zwischen ‚wahr‘ und ‚falsch‘ bei sich selber zu unterscheiden wüßten. Ihnen geziemt allein die unehrliche Lüge; alles, was sich heute ‚guter Mensch‘ fühlt, ist vollkommen unfähig, zu irgend einer Sache anders zu stehen als unehrlich-verlogen, abgründlich-verlogen, aber unschuldig-verlogen, treuherzig-verlogen, blauäugig-verlogen, tugendhaft-verlogen“ (Zur Genealogie der Moral, 1887, S. 150 ff.). Damit will Nietzsche die unüberwindliche Scheu vor dem mannhaften Bekennen der Wahrheit bei aller formalen Beobachtung des Wahrheitsgebotes und, als das Allerbedenklichste, das mangelnde Bewußtsein von der Unsittlichkeit eines solchen Verhaltens an den Pranger stellen. Dagegen möchte manche wirkliche Lüge wohl eher für als wider ihren Urheber sprechen; denn „es gibt eine Unschuld in der Lüge, welche das Zeichen des guten Glaubens an eine Sache ist“ (Jens. v. G. u. B., Aphor. 180). Aber freilich kann sie eine Quelle schlimmen Mißtrauens unter den Menschen werden: „Nicht daß du mich belogst, sondern daß ich dir nicht mehr glaube, hat mich erschüttert“ (l. c. Aphor. 183).

Die Anschauungen des „Immoralisten“ von der Lüge unterscheiden sich also nicht zu sehr von denen vieler anderer, wie er ja selbst auf Platon hinweisen konnte.

Eine große Zahl unter den Ethikern der letzten Jahrzehnte hat sich dem Utilitarismus in seinen verschiedenen Spielarten zugewandt, und diese ihre grundsätzliche Stellung spiegelt sich natürlich auch in ihren Darlegungen über die Lüge wieder. Eine Anzahl von ihnen soll im folgenden zu Worte kommen und ihren Anschauungen alsdann die Lehren einer Reihe idealistischer Denker der neuesten Zeit gegenübergestellt werden, womit jedoch nicht gesagt sein soll, daß sich die letzteren mit den ersteren gerade in der Lösung des Problems der Lüge durchgehends in Widerspruch befinden müßten.

Einen charakteristischen Ausdruck finden die utilitaristischen Lehren bei H. Sidgwick, einem der angesehensten unter den neueren englischen Utilitariern. Ein Ehrenmann — bemerkt derselbe gegen Kant (The Methods of Ethics, Ed. IV, 1890, B. III Chap. VII § 2) — hält gewiß das Lügen für verboten, doch braucht er darum nicht auch der Meinung zu sein, daß jede Lüge die Menschenwürde beeinträchtige, sondern nur die zu selbstsüchtigen Zwecken (for selfish ends); insbesondere die Lüge aus Furcht ist gemein und niedrig. In der Tat scheint es Verhältnisse zu geben, unter denen der Ehrenkodex das Lügen vorschreibt. Darin weicht er jedoch völlig von dem allgemeinen moralischen Bewußtsein (morality of Common Sense) ab, das aber selbst nicht klar zu entscheiden scheint, ob die Wahrhaftigkeit absolute Pflicht ist oder Ausnahmen zuläßt. Wohl hat jeder ein allgemeines Recht zu verlangen, daß ihm von seinen Mitmenschen die Wahrheit gesagt werde, aber dies Recht kann unter Umständen verwirkt oder aufgehoben sein; so wie jeder ein natürliches Recht auf persönliche Sicherheit im allgemeinen hat, aber dann nicht, wenn er andere an Leben und Eigentum zu schädigen sucht. Darum, wenn wir in Verteidigung unserer selbst oder anderer

sogar töten dürfen, schiene es seltsam, wenn wir nicht
lügen dürften, falls dies uns besser verteidigen würde
(. if we may even kill in defence of ourselves and
others, it seems strange if we may not lie, if lying
will defend us better); und der Common Sense scheint
dies auch nicht mit Entschiedenheit zu verbieten. — Ein
Verteidiger, der beauftragt wird etwas zu sagen, von
dem er wohl weiß, daß es unwahr ist, sich aber weigern
wollte es zu tun, würde für übertrieben gewissenhaft
(over-scrupulous) gehalten werden. — Auch wenn die
Täuschung geeignet ist, dem Getäuschten Nutzen zu bringen
(to benefit), scheint sie der Common Sense bisweilen für
gerechtfertigt anzusehen. So würden die meisten Menschen
nicht zögern, einem Kranken die Unwahrheit zu sagen,
wenn dies der einzige Weg ist, etwas vor ihm zu verheimlichen, das eine gefährliche Erschütterung veranlassen
könnte. Wann und wieweit aber eine solche benevolent
deception als berechtigt anzusehen ist, kann nur durch
Abwägen des Vorteils jeder einzelnen Täuschung gegen
die Gefährdung des wechselseitigen Vertrauens, die jede
Verletzung der Wahrheit mit sich führt, entschieden werden. — Dem frommen Betrug ist der Common Sense
jetzt nicht mehr günstig. Indes wollen manche Sittlichdenkenden Fiktionen im Interesse der Religion gestatten,
weil die große Masse die wichtigsten religiösen Wahr-
heiten nur unter der Hülle erdichteter Erzählungen aufzufassen vermöchte. Ist also eine Schlußfolgerung wahr
und wichtig und kann sie anders nicht in befriedigender
Weise mitgeteilt werden, so mag man den Geist des
Hörers mittelst erdichteter Prämissen auf sie hinleiten.
Dagegen verlangen andere, daß nur wahrheitsgemäße
Angaben gemacht werden sollen, sofern aber das Wohl
der Gesellschaft es nötig macht, etwas zu verheimlichen,

so seien hierzu alle Mittel außer wirklicher Täuschung zulässig. So dürfe man z. B. durch Ablenkung einer Frage, indem man es dem Fragenden überläßt, aus der Antwort einen natürlichen Schluß zu ziehen, oder durch Hinlenken auf eine falsche Fährte einen irrigen Glauben erwecken. Andere wieder legen, wennschon einmal getäuscht werden soll, auf die Form, in welcher dies geschieht, keinen Wert. Das Gebot der Wahrhaftigkeit scheint also nicht zu einem festbestimmten moralischen Axiom erhoben werden zu können. Denn es besteht keine Einigkeit darüber, wieweit man gehalten ist, anderen wahrheitsgemäße Mitteilungen zu machen. Und während es dem Common Sense entgegen ist, absolute Offenheit unter allen Umständen zu beanspruchen, so finden wir doch kein evidentes zweites Prinzip, das klar bestimmte, wann dies nicht verlangt werden kann. — Auf den von Fichte herrührenden Einwand, daß, wenn die Berechtigung zum Lügen unter gewissen Umständen einmal allgemein zugestanden sei, die Lüge keinen Glauben mehr finde und somit die aufgestellte Regel sich selbst aufhebe, entgegnet Sidgwick (l. c. § 3): Die Erschütterung des Vertrauens zu einem anderen ist nicht notwendig ein Übel, unter Umständen sogar wünschenswert, z. B. wenn auf eine nach rechtmäßigen Geheimnissen forschende Frage eine Lüge erwartet wird. Auch muß Täuschungen mit Täuschungen zu begegnen erlaubt sein auf die Gefahr hin, die Sicherheit zu gefährden, welche jetzt Gauner der Wahrheitsliebe ehrlicher Leute verdanken. Das Endergebnis allgemeiner Unwahrhaftigkeit würde ohne Zweifel ein Zustand sein, in dem solche Lügen nicht mehr gesagt würden; aber zugegeben, daß dies Resultat nicht wünschenswert wäre, so bildet die Aussicht darauf noch keinen Grund, weswegen Lügen nicht gebraucht werden sollten, solange sie nützlich sind (why the falsehoods should not be told so long as the are useful). Sodann wird die Unwahrhaftigkeit unter besonderen Umständen allgemein für berechtigt gehalten, z. B. vor Gericht, ohne daß sie darum alle Wirksamkeit verlöre. Ein geschickter Verteidiger, dem man jenes Recht zubilligt, vermag oft den Eindruck hervorzurufen, daß er von der Unschuld seines Klienten überzeugt ist. Es bleibt eine Frage der Kasuistik, wieweit diese Art der Heuchelei zu rechtfertigen ist. Gewiß wäre die allgemeine Anwendung des Prinzips, das die Berechtigung der Unwahrheit einräumt, ein unleugbares Übel; allein da die allgemeine Anwendung desselben auf besondere Umstände beschränkt bleibt, so werden dadurch die entgegenstehenden Bedenken beseitigt. Immerhin richtet das in Rede stehende Argument die Aufmerksamkeit auf eine große Gefahr der Unwahrhaftigkeit, welche einen schwerwiegenden, wenn auch nicht formal entscheidenden utilitarischen Grund bildet, die Wahrheit zu reden.

Wiewohl im allgemeinen selbst idealistischen Anschauungen zugetan, stellt R. v. Jhering in seiner Rechtsphilosophie dem „ebenso ungesunden wie unfruchtbaren" ethischen Idealismus seinen ethischen Realismus entgegen, welcher den sittlichen Ideen keinen weiteren Wert und keine weitere Geltung zuerkennt, als insoweit sie sich durch die Dienste, welche sie der Menschheit leisten, praktisch zu legitimieren vermögen. Alle sittlichen Prinzipien sind nicht um ihrer selbst, sondern um des wahren Wohles der Gesellschaft willen da (Der Zweck im Recht, 4. A., 2. B. 1905, S. 460). Würde man das Gebot, die Wahrheit zu reden, als ein absolutes Gebot nehmen und es demgemäß praktisch ausnahmslos durchführen, so würde man das sittliche Gefühl in den schroffsten Konflikt mit

sich selbst bringen. Die Frage eines Kranken wahrheits-
gemäß zu beantworten auf die Gefahr hin, ihm durch
die Wahrheit den Todesstoß zu versetzen, wäre für seinen
Arzt, dessen Aufgabe es ist, sein Leben zu retten, kein
sittliches, sondern ein unsittliches Handeln (l. c. S. 458).
Das Gebot der Wahrhaftigkeit besteht also nicht um
seinetwillen, sondern um der Gesellschaft willen. „Würde
letztere sich bei der Lüge wohler befinden als bei der
Wahrheit, so würden beide ihren Platz zu tauschen haben,
und es würde die Lüge gesellschaftlich, d. i. sittlich geboten
sein" (l. c. S. 461). „Wie auf dem Gebiete des Rechts
die berechtigte List (dolus bonus) von der Arglist (dolus
malus), so hebt auf dem der Moral die sittliche, reine,
unbescholtene Unwahrheit von der sittlich unreinen, be-
scholtenen sich ab, sie hat mit ihr nur den Namen gemein, nicht den Charakter" (l. c. S. 462). Man hat
also von der bösartigen Lüge die gutartige zu unterscheiden; die erstere ist verwerflich wegen ihrer nach-
teiligen Wirkungen für die Gesellschaft (l. c. S. 463).
Denn die Wahrhaftigkeit bildet die Grundbedingung
unseres ganzen menschlichen Getriebes. Denkt man sie
als Maxime des gesellschaftlichen Lebens hinweg, so könnte
keiner dem anderen trauen, und jede Aussage müßte auf
ihre Wahrheit geprüft werden (l. c. S. 472f.). Als gutartige Lüge bezeichnet Jhering die gemeinhin Notlüge
genannte Unwahrheit; der Begriff der „Not" dünkt ihm
zu elastisch, und der der Notlüge könnte dann auch un-
erlaubte Lügen decken. Ist es nun unvermeidlich, die
gutartige Lüge für erlaubt anzusehen, so darf man nicht
zuvor das Gebot, die Wahrheit zu reden, für ein absolutes erklären. Denn bei absoluter Fassung desselben,
meint Jhering, führt die Frage der sittlichen Zulässigkeit
der Lüge, ob man nun dem Prinzip die Anforderungen

des praktischen Lebens oder diesen jenes opfern mag, beide Male zu einer wissenschaftlichen Bankerotterklärung, im ersteren Falle nach der praktischen, im letzteren nach der theoretischen Seite hin (l. c. S. 484). Das Zweck-prinzip dagegen vermag sowohl die Zulässigkeit als die Unzulässigkeit der Lüge aus sich zu entlassen. Der gute Zweck rechtfertigt das Abgehen von der Wahrheit, ja macht es zur Pflicht. Der gute Zweck, nicht die bloße gute Absicht, mit der man alle Verbrechen decken könnte (l. c. S. 485). Die erlaubte Lüge muß nicht bloß für ihr subjektives Motiv, sondern auch für ihren intendierten objektiven Erfolg das Prädikat des Guten verdienen, und dies trifft dann zu, wenn der Täuschende nicht um seiner selbst oder eines anderen, sondern lediglich des Getäuschten willen, um ein drohendes Unheil von ihm abzuwehren, sich die Täuschung erlaubt und diese als das einzige Mittel zur Erreichung des gewünschten Zweckes erscheint. Einer solchen Lüge gebührt der Name der rettenden: der Arzt im obigen Beispiel rettet den Patienten. Diese Rettung ist Pflicht, und wenn sich als einziges Mittel zu diesem Zweck die Lüge darbietet, ist sie nicht nur zulässig, sondern Pflicht (l. c. S. 486). — Die konventionellen, dem Gebiete der Sitte angehörenden Unwahrheiten sind zweifellose Lügen und vor dem absoluten Wahrheitsgebote nicht zu verantworten. Aber wie die rettende Lüge durch den Zweck der Rettung, wird die konventionelle durch den Zweck der Schonung gerechtfertigt (l. c. S. 487 f.).

E. Laas, welcher die „Moral des wohlverstandenen Interesses" in der ihr von Bentham gegebenen Form vertritt, wendet sich gegen Kants Fassung der Wahr-haftigkeit als Pflicht, nicht weil sie notwendige Bedingung des gesellschaftlichen Vertrauens ist und weil die Lüge andere Menschen schädigt, sondern weil diese den Lügner

selbst entehrt (Idealist. u. positivist. Ethik, 1882, S. 253f.).
Vor allem gründet sich die Pflicht der Wahrhaftigkeit
auf die hohe Bedeutung des wechselseitigen Vertrauens
der Menschen zu einander, ohne daß sie darum freilich
absoluten Wert besäße (l. c. S. 280). Denn eine Ethik,
welche den Wert auch der sittlichen Gesinnungen und
Handlungen letztlich an der Beziehung zur Kultur und
ihren Gütern, d. h. an den sozialen Lustquellen mißt,
lehnt den Formalismus platonisierender Philosophen ab,
die ihr vermeintlich apriorisches, in sich selbst gegründetes
„Du sollst!" durchzusetzen suchen, wenn auch noch so viel
Erdenglück dabei in Trümmer gehen sollte (l. c. S. 265f.).
Die Unhaltbarkeit des platonischen Glaubens, daß die
moralischen Vorschriften in sich selbst, absolut wertvoll
seien, tritt nirgends so klar und abschreckend hervor als
bei Kant, der für das Verbot der Lüge eine absolute
Gültigkeit in Anspruch nimmt ohne Rücksicht auf die
aus seiner Einhaltung entspringenden Folgen. Von Kants
hierher gehörigen Aufstellungen ist allein der Gedanke
bedeutsam, daß man bei der Abwägung der Übel, die
man anrichtet, auch dies zu bedenken hat, wie gefährlich
es ist, sozial notwendige Prinzipien durch eigene Tat in
ihrer Verbindlichkeit zu schwächen. Denn allerdings
trägt jede Lüge, soviel an ihr liegt, dazu bei, daß Aussagen überhaupt keinen Glauben finden, und fügt somit
der Menschheit überhaupt ein gewisses Unrecht zu. „Aber
sicher wird ihr durch eine pedantische Pflichtauslegung,
welche unschuldig verfolgte Freunde preisgibt, doch noch
ein größeres zugefügt" (l. c. S. 266, Note).

H. Höffding, der sich ebenfalls zu dem eudämonisti-
schen Grundprinzip der allgemeinen Wohlfahrt bekennt,
sieht in der Liebe zur Erkenntnis, zur Wahrheit nur ein
Werkzeug des menschlichen Dranges nach Glück, ohne daß

sie darum an Bedeutung einbüßte (Ethik, deutsch 1888,
S. 174). Die Wahrheit zu suchen ist Pflicht, aber daraus
folgt nicht, daß sie auch immer gesagt werden soll. Denn
die Wahrheit zur Herrschaft zu bringen, ist der Sinn
dieser Pflicht, der jedoch gerade durch das Aussprechen
der Wahrheit verfehlt werden kann. Die Pflicht, die
Wahrheit zu reden, ist pädagogisch begrenzt. Die Wahrheit ist etwas so Großes und Umfassendes, daß der
Mensch nur schrittweise in sie eingeweiht werden kann.
Um zu verhüten, daß der für ihn noch unfaßbare Teil
der Wahrheit von ihm verkannt und verachtet werde,
ist ihm die letztere so zu vermitteln, daß dieser Rest in
jedem Falle möglichst klein bleibe; sodann ist die Form
zu wählen, unter welcher die Wahrheit am leichtesten
Gehör findet, sowie die Enthüllungsweise zu benutzen,
welche deren Verständnis zu sichern geeignet erscheint.
Damit ist aber über die Frage, ob die Notlüge berechtigt
sei, wesentlich entschieden. Ebensowenig wie man verpflichtet ist, aus eigenem Antriebe alles, was man denkt,
zu sagen, ebensowenig ist man verpflichtet, alle Fragen
zu beantworten. Den Mörder, der seinem Opfer nach-
spürt, oder denjenigen, der ein Geheimnis entlocken will,
dessen Bewahrung Pflicht ist, auf falsche Spur zu leiten,
dazu ist man nicht nur berechtigt, sondern verpflichtet.
Und dies kann auch in minder bedeutenden Verhältnissen
gelten (l. c. S. 178).

Im Anschluß an den englischen Utilitarismus erklärt
auch G. v. Gizycki „die größtmögliche Glückseligkeit der
Gesamtheit" für das oberste Moralprinzip (Grundzüge
d. Moral, 1885, S. 25). Die diesem gemäße Handlungen
nennt man Pflichten (l. c. S. 48), die der allgemeinen
Glückseligkeit gemäße Verfassung des Willens ist die
Tugend (l. c. S. 52). Von der Wahrhaftigkeit, einer

der sozialen Tugenden, hängt das Wohl der Menschheit in tausendfacher Weise ab, und damit folgt die Pflicht der Wahrhaftigkeit unmittelbar aus dem obersten Moralprinzip (c. l. S. 106). Die Verwerflichkeit der Lüge erhellt aus ihren primären und besonderen übeln Folgen, die sie haben kann, und aus ihren sekundären und allgemeinen übeln Folgen. Die Schadenlüge verstößt durch die Verletzung der Mitmenschen zunächst gegen die Gerechtigkeit; die sekundären übeln Folgen dieser wie jeder anderen Lüge, auch jener, die anscheinend niemand schadet, liegen in der Beeinträchtigung des Vertrauens der Menschen zu einander und somit in der Störung des ganzen sozialen Verkehrs (l. c. S. 107). Indes gibt es wie von jeder sittlichen Regel auch Ausnahmen von der Pflicht der Wahrhaftigkeit, und solche Fälle wirklicher absichtlicher Täuschungen durch Worte sind dann nicht unter den einen Tadel einschließenden Begriff der „Lüge" zu subsumieren (l. c. S. 108). Es stehen nämlich die sittlichen Einzelvorschriften nach dem allgemeinen moralischen Bewußtsein nicht als gleichwertig auf einer Linie, sondern dieses erkennt eine Rangordnung unter ihnen an. Daraus ergibt sich eine Regel des Vorrangs beim Widerstreit der Pflichten (Moralphilos., 1888, S. 22 f.). Die Pflicht, nicht zu töten, wird sicherlich für dringlicher gehalten als die, nicht zu lügen. Nun kann man zuweilen auch durch Worte oder bloßes Schweigen töten, z. B. einen Schwerkranken, der auf eine verhängnisvolle Frage Antwort begehrt. Hier gebietet die Pflicht, die Unwahrheit zu sagen. Wer von einem Mörder, der einen Menschen verfolgt, nach dem Wege gefragt wird, den dieser eingeschlagen hat, und nicht durch eine Unwahrheit jenen auf eine falsche Spur zu locken suchte, der würde sich zum Mitschuldigen des Verbrechens machen. Wer in

solchen Fällen Wahnsinnige nicht zu überlisten suchte,
würde der eigentliche Verbrecher sein. Wohl ist die absichtliche Täuschung eines Menschen eine Verletzung desselben; aber wie eine physische Verletzung in der Notwehr
erlaubt sein kann, so auch eine Verletzung dieser Art,
und man müßte es, wie Sidgwick treffend bemerkt, für
sonderbar finden, wenn man zur Verteidigung seiner selbst
oder anderer sogar töten, aber nicht lügen dürfte, wenn
dies besser verteidigte. Auch dem, was Sidgwick über
solche Selbstverteidigung wider unberechtigte Fragen und
die durch sie bewirkte, übrigens unschädliche Minderung
des Vertrauens sagt, stimmt Giżycki zu (Grundz. S. 109 f.).

Bemerkenswert sind auch die Anschauungen, welche
Aug. Döring auf Grund seiner gleichfalls utilitarischen
Voraussetzungen in bezug auf die Lüge entwickelt. Die
Wahrhaftigkeit ist eine Seite der Gerechtigkeitspflicht
gegenüber unserem Nächsten; sie gebietet, sein richtiges
Wissen von der ihn umgebenden Wirklichkeit, worauf er
Anspruch hat, zu achten (Handb. der menschl.-natürl.
Sittenl., 1899, S. 58). Dies aber wird geschädigt durch
Lüge und Täuschung. Doch ist Lüge nur die unrichtige
Aussage wider besseres Wissen, welche in der Absicht geschieht, dem anderen zu schaden (l. c. S. 63). Die Wahrheit zu sagen ist Pflicht, sofern die Unwahrheit schädigt;
wenn aber die Wahrheit schädigt, wäre es ungerecht, sie
zu sagen (l. c. S. 64). Gegenüber dem Kant-Fichteschen
Rigorismus verteidigt Döring die Auffassung des Sokrates
von der Lüge (l. c. S. 65). Doch erweist sich die pflichtmäßige, zur Abwendung einer schweren Schädigung anderer
angewandte Täuschung dadurch als ein bedenkliches Mittel,
daß sie das Vertrauen auf die Wahrhaftigkeit des Be-
treffenden für alle künftigen Fälle gleicher Art erschüttert.
Jedenfalls aber ist die Unwahrheit nichts an sich Unsittliches

(l. c. S. 66). Sofern sie zur Abwehr von Schädigungen dient, die von seiten anderer drohen, mag diesen immerhin ihrerseits Schaden aus ihr erwachsen, darf sie nicht Notlüge genannt werden: sie ist Notunwahrheit. Nur wenn keine Berechtigung zur Abwehr besteht, z. B. wenn das Vorgehen des anderen durch ein gegen ihn begangenes Unrecht verschuldet war, kann von Notlüge die Rede sein. Überschreitet nun aber dies Vorgehen des anderen durch bedrohliche Heftigkeit das berechtigte Maß, so wird das Unrecht der Notlüge zwar nicht gerechtfertigt, aber doch entschuldbar, und das Unrecht ist dann mehr auf seiten des Belogenen als des Lügenden zu suchen (l. c. S. 67). — Wie die in Worte gekleidete Unwahrheit kann auch die tatsächliche der Täuschung durch Verstellung harmlos sein, wie z. B. die durch die Sitte geforderten herkömmlichen Höflichkeitsbezeugungen, oder verwerflich und schädlich, wie die im Dienste unlauterer Zwecke stehende Heuchelei (l. c. S. 70f.).

Die Erhaltung der Gesamtheit durch freigewollte Handlungen ist nach H. Ebbinghaus der Zweck der Sittlichkeit (Abriß d. Psychologie, 3. Aufl. 1910, S. 194). Die Gesamtheit ist es, welche den konkreten Inhalt der sittlichen Gebote bestimmt und verändert. Die Richtigkeit dieser Anschauung findet Ebbinghaus bestätigt durch die fast durchweg gebilligte Lösung der nicht seltenen Konfliktsfälle, in denen das kategorische Gebot und das Gesamtwohl einander widerstreiten. Hier weicht das Abgeleitete, das im allgemeinen, aber nicht immer taugliche Mittel, die Unbedingtheit des Gebots, dem fundamentalen, der Rücksicht auf die Gesamtheit. Eine solche Lösung eines sittlichen Konflikts stellt z. B. die Notlüge dar, die für einzelne Moraltheoretiker eine Verlegenheit ist, für das unbefangene sittliche Bewußtsein dagegen in tausend

fällen, gegenüber Kindern, Kranken, Irren u. a. durchaus als sittliche Pflicht erscheint. „Wo ist der Staatsmann   der sich in seinem Gewissen bedrückt fühlte,
wenn er das Wohl seines Landes durch eine List förderte
oder dies aus anderen Gründen unterließe, als um seinen
Kredit nicht zu schädigen?   Fort mit ihm, müßte
man sagen" (l. c. S. 198).

Auf seiten der Idealisten ist Ed. v. Hartmann
mit Kant darin einverstanden, daß die Lüge als solche,
also auch die einem anderen unschädliche, moralisch verwerflich ist. Doch erklärt er sich mit Schopenhauer gegen
Kants Ableitung ihrer Verwerflichkeit aus dem Mißbrauch
des Sprachvermögens. Vielmehr ist es die Zerstörung
des Vertrauens, der Grundlage alles gesellschaftlichen
Verkehrs, welche den Grund der Unsittlichkeit der Lüge
bildet (Phänomenologie d. sittl. Bewußtseins, 1879, S. 349).
Daraus ergibt sich, daß sie, soweit sie unmittelbar un-
schädlich ist, aufhört verwerflich zu sein, also unschuldig
ist, sobald durch sie kein Vertrauen mehr getäuscht wird
(l. c. S. 351 u. 354). In zwei Fällen aber darf man
voraussetzen, daß die gemachte Aussage nicht als Wahrheit hingenommen werde: wenn es sich unmißverständlich
um einen Scherz handelt, und wenn die Forderung, die
Wahrheit zu sagen, unberechtigt, also der Glaube an ihre
Erfüllung absurd wäre. Darum ist die wirkliche Scherzlüge als durchaus harmlos zu betrachten, weil und sofern durch sie niemand getäuscht wird oder doch die Aufklärung auf dem Fuße nachfolgt. Die andere Art der
berechtigten Lüge ist die Notwehrlüge im Sinne Schopen-
hauers: kann der Gefragte sich selbst oder einen Dritten
gegenüber einer unberechtigten Frage nur durch eine Lüge
vor Nachteil schützen, so ist er moralisch berechtigt, sofern
es sich um das Geheimnis eines Dritten handelt, sogar

verpflichtet zu lügen (l. c. S. 352). — Bisweilen üben die Verhältnisse auf den unter ihnen Tätigen eine solche Macht aus, daß sie ihn nötigen, sich ihnen auch dort anzupassen, wo sie als sittlich nicht einwandfrei zu erachten sind. Wer unter den derzeitigen Umständen sich politisch betätigen will, — und im Staatsinteresse sind die dazu Befähigten gerade dann berufen, wenn sie zugleich sittlich empfindende Männer sind — muß sich dazu verstehen, mit der Unwahrhaftigkeit unseres politischen Lebens zu paktieren. Daraus ist dem einzelnen kein Vorwurf zu machen; nur ist zu fordern, daß er die simulatio auf ein Minimum zu beschränken sucht und bei der moralisch unangreifbaren dissimulatio (Zurückhaltung, Verschwiegenheit) stehen bleibt. Die durch unsere politischen Zustände bedingte Unwahrhaftigkeit unseres öffentlichen Lebens würde übrigens keinen so hohen Grad aufweisen, wenn nicht der weitverbreitete Hang zur Lüge seinerseits dazu verführte, das notwendige Maß zu überschreiten (l. c. S. 365).

W. Wundt widmet dem menschlichen Verhalten im Falle des Konflikts der sittlichen Normen eine eingehende, vorwiegend abstrakt gehaltene Untersuchung. Wie überall durch die Erfahrung bestätigt wird, ist wie keine Rechtsnorm so auch keine sittliche Vorschrift ausnahmslos gültig. Das Rechtsgebot „nicht zu töten" weicht für den Soldaten im Felde und den mit der Vollziehung einer Todesstrafe betrauten Beamten einer höheren Berufspflicht. Das Sittengebot, daß wir unseren Nebenmenschen mit Achtung begegnen sollen, verliert einem Schurken gegenüber seine Geltung. „Die alte Streitfrage, ob die Notlüge gestattet sei, wird unter dem zwingenden Eindruck jener Lebenslagen, in denen wir uns vor die Wahl gestellt sehen, ob wir das wichtigere

Sittengebot dem geringeren oder dieses jenem opfern wollen, unzähligemal durch die Praxis des Lebens bejahend entschieden — eine Tatsache, die es freilich noch nicht rechtfertigt, auch schon der bloßen Bequemlichkeit wegen die Wahrheit hintanzusetzen" (Ethik, 3. A. 1903, 2. Bd. S. 172f.). Denn das Überschreiten eines sittlichen Gebots kann nur dann als sittlich berechtigt erachtet werden, wenn ein Konflikt verschiedener Normen mit einander vorliegt. Ein solcher Konflikt muß dann stets zugunsten der dringlicheren und wichtigeren Norm gelöst werden und fordert daher die Verletzung der minder wichtigen und minder dringlichen (l. c. S. 173). Nur diejenige Handlung wird dann eine sittliche sein, die mit der höheren und wertvolleren Norm übereinstimmt, d. h. derjenigen, welche, innerhalb desselben allgemeinen Zweckgebietes, die Handlung an die Erreichung dauernderer und umfassenderer Zwecke knüpft, oder, beim Ineinandergreifen verschiedener Zweckgebiete und wesentlich übereinstimmendem Wertgrade, die Handlung dem umfassenderen Pflichtgebiete dienstbar macht (l. c. S. 174f.).

Diese Grundsätze spiegeln den teleologischen Charakter der Ethik Wundts getreu wider; als letztes Ziel des Sittlichen gilt ihm die geistige Entwicklung der Menschheit, wie sie sich in dem geschichtlichen Werden derselben darstellt (l. c. S. 6.).

Paulsen stimmt Kant darin zu, daß die Lüge an und für sich schlecht und schändlich, eine Wegwerfung der eigenen Menschenwürde, ein moralischer Selbstmord ist (System d. Ethik, 8. A. 1906, 2. Bd. S. 203). Allein nach seiner Meinung kann die Moralphilosophie dabei nicht stehen bleiben; sie hat vielmehr den objektiven Grund der Verwerflichkeit der Lüge aufzuzeigen, und dieser ist, wie auch sonst der Wert oder Unwert des

Handelns, in ihren Wirkungen zu suchen, welche sie ihrer Natur nach auf menschliche Lebensgestaltung ausübt. Unmittelbar schädigt sie den Belogenen, sofern die in ihm hervorgerufenen falschen Vorstellungen zu falschen Handlungen führen. Dies ist meist der Zweck der Lüge, die somit der Ungerechtigkeit als Mittel dient. Eine spezifische Wirkung der Lüge äußert sich aber darin, daß sie, soviel an ihr liegt, Glauben und Vertrauen und damit menschliche Lebensgemeinschaft, die Grundlage alles eigentlich menschlichen, alles geistig-geschichtlichen Lebens zerstört (l. c. S. 205f.). Was die Notlüge anlangt, so wird deren sittliche Möglichkeit im wirklichen Urteilen und Handeln einstimmig zugegeben. Die Täuschung des anderen braucht nicht einmal in dessen eigenem Interesse zu liegen. Es unterliegt keinem sittlichen Bedenken, wenn eine alte, hilflose Frau, um sich gegen eindringende Strolche zu schützen, den Namen ihres vielleicht längst verstorbenen Mannes ruft (l. c. S. 210). Nur manche Moralphilosophen glauben die Lüge unter allen Umständen für verwerflich erklären zu müssen; sie beweisen aber hierdurch nur die Unfähigkeit ihrer Systeme, die moralische Wirklichkeit zu begreifen (l. c. S. 211 f.). Paulsen hält dafür, indem er sich auf die von ihm in seiner Ethik durchgeführte teleologische Betrachtungsweise stützt, daß in den Fällen, wo die das Vertrauen zerstörende und damit die Gemeinschaft auflösende Wirkung der Lüge der Natur der Sache nach nicht stattfinden kann, die absichtliche Täuschung ihre Verwerflichkeit verliert. Der Einbrecher stellt sich außerhalb jedes Vertrauensverhältnisses und verzichtet damit auf die Aufrichtigkeit anderer; wird er getäuscht, so kann kein Vertrauen dadurch zerstört werden. „Ist es zulässig, rechtlich und sittlich zulässig, in der Notwehr gegen den Räuber und Einbrecher Gewalt zu üben bis zur Tötung, so wird die Verscheuchung durch eine Täuschung als das gelindere Mittel auch zulässig sein" (l. c. S. 213). Es gibt keine moralischen Normen, die das Verhältnis des Menschen gegen den Menschen absolut allgemein bestimmten. Wir brauchen für verschiedene Wesensverhältnisse verschiedene Normen im Verkehr. Man kann wohl fordern, es solle Verhältnisse wie das zwischen Gegnern und Feinden überhaupt nicht geben; aber so lange es solche gibt, kann man nicht das gleiche Verhalten gegen Feinde und Freunde fordern (l. c. S. 215). Ein besonderer Unverstand liegt darin, zwar hinsichtlich des Handelns ein verschiedenes Verhalten zuzulassen, Notwehr gegen den Räuber und tätlichen Angriff im Kriege gegen den Feind, nicht aber hinsichtlich der Rede. Im Himmel gibt es keine gegnerischen Verhältnisse irgend welcher Art, darum auch keine Täuschung, und unser Bestreben soll zwar darauf gerichtet sein, „den Himmel auf Erden", wenigstens in moralischer Hinsicht, herbeizuführen. Aber Unverstand ist es zu fordern, daß wir uns zwar nicht im Handeln, aber doch im Reden so verhalten, als ob der Himmel auf Erden schon vollendete Wirklichkeit wäre (l. c. S. 216). Vielmehr kann die Notlüge selbst zur moralischen Pflicht werden, der sich auch der wahrhaftigste Mann unter Umständen nicht entziehen kann (l. c. S. 218). Die Täuschung durch Reden oder durch Schweigen, sofern sie das einzig mögliche technische Mittel ist, einen notwendigen Zweck zu erreichen, muß als gerechtfertigt angesehen werden. Verächtlich ist dagegen die Angstlüge, die aus Feigheit hinter einem Versteck Deckung sucht und verderblich wird, wenn sie sich auswächst zur Verlogenheit des ganzen Wesens, die dem Bekenntnisse zur Wahrheit überall auszuweichen sucht, wo es für das Selbstinteresse, für die Eitelkeit oder auch nur die Bequemlichkeit unbequem werden kann (l. c. S. 221). — Da auch durch das Diſſimulieren auf das vollkommenſte getäuſcht werden kann, ſo ſtellt dasſelbe nur eine beſondere Form der Täuſchung überhaupt dar und iſt nicht anders zu beurteilen wie dieſe. Die konventionellen Unwahrheiten des geſelligen Verkehrs ſind unentbehrlich und darum gerechtfertigt, weil ohne einigen Zwang, den jeder ſich auferlegt, ein friedlicher und glatter Verkehr unter den Menſchen, wie ſie ſind, nicht möglich wäre. Es iſt Sache des ſittlichen Taktes, zu verhüten, daß notwendige Höflichkeit in widrige Schmeichelei übergehe. Gefahrlos aber iſt der Gebrauch ſolcher Unwahrheiten darum nicht, weil ihre häufige Anwendung im kleinen ans Lügen zu gewöhnen und das Gewiſſen abzuſtumpfen geeignet iſt (l. c. S. 219 f.).

Daß auch die ſogen. neukantiſche Schule den Standpunkt Kants in der Frage der Lüge verlaſſen hat, möge an den Lehren zweier ihrer Hauptvertreter, Natorps und Cohens, gezeigt werden.

Natorp ſtellt nach dem Vorbilde Platons ein Syſtem von vier individuellen Grundtugenden auf (Sozialpädagogik, 1899, S. 86 ff.), an ihrer Spitze die Wahrheit, die Tugend der Vernunft, die indes erſt durch die Verbindung mit einer Perſon als Subjekt die Bedeutung einer individuellen Tugend erhält (l. c. S. 95) und dem Range nach die erſte aller Tugenden und die Vorausſetzung aller übrigen iſt, weil ſie im Bewußtſein gegründet, Sittlichkeit aber zuallererſt Bewußtſeinsſache iſt (l. c. S. 91). Darum geht auch die innere Wahrhaftigkeit, die Wahrheit „gegen ſich ſelbſt" der äußeren Aufrichtigkeit voran. Die erſtere iſt „wohl die unbedingteſte, unanfechtbarſte Tugend, wie ihr Gegenteil, Lüge gegen ſich ſelbſt, die unverzeihlichſte Schlechtigkeit", und zugleich „die einzig verläßliche Grundlage der äußeren Wahrhaftigkeit" Nur wer zuallererst gegen sich selbst aufrichtig ist, wird es auch gegen andere sein können. Auf ernste Probe gestellt wird die äußere Aufrichtigkeit unrettbar scheitern, wenn sie nicht auf dem sicheren Grunde innerer Wahrhaftigkeit ruht (l. c. S. 95). Diese ist unbedingte, ausnahmslose Pflicht. Auf die kasuistische Frage der Erlaubtheit der Lüge geht Natorp zwar nicht näher ein, doch läßt sich aus dem Zusammenhang entnehmen, daß es ihm fern liegt, sich hierin auf die Seite der Rigoristen zu stellen. Das aber erkennt er ausdrücklich an, daß es jedenfalls Rücksichten geben könne, „welche die Pflicht, die erkannte Wahrheit auch gegen andere zu äußern, mannigfach einschränken" (l. c. S. 96). — Ob sich die Lüge in ihren Folgen auf eine andere Person erstreckt oder nicht, ist für die Beurteilung ihrer Unsittlichkeit gleichgültig; nur kommt im ersteren Falle ein neues Unrecht hinzu: die Schädigung der sittlichen Gemeinschaft, die mit Unwahrheit durchaus nicht bestehen kann (l. c. S. 98 f.).

Auch Cohen räumt der Wahrhaftigkeit den Rang der ersten Tugend ein (Eth. d. reinen Willens, 1904, S. 473). Sie ist das wichtigste Mittel für die Selbsterhaltung; sie leitet zu der Stetigkeit, daß die Einheit des (im Handeln sich entfaltenden) Wesens in allen Handlungen wie in einer sich widerspiegelt (l. c. S. 493). Sie erhebt die Sprache zum Bekenntnis; dies aber ist die Huldigung, welche der sittliche Geist dem Ideale darbringt (l. c. S. 494). Indes darf die Lüge nicht lediglich als Widerspruch zur Wahrhaftigkeit gedacht werden. Denn das Selbstbewußtsein, das die Wahrhaftigkeit fördern soll, ist nicht mein individuelles, sondern das der Allheit, der ich angehöre, das des Staates, dessen Glied ich bin.

Wird in dem vielgebrauchten Beispiel so entschieden, daß ich dem Mörder auf seine Frage, wo der von ihm Verfolgte sich befinde, die Wahrheit zu sagen habe, damit ich eine Befleckung meines Selbstbewußtseins mit einer Lüge vermeide, so kann dies nur geschehen, wenn dieses Selbstbewußtsein egoistisch und naturalistisch, in der Isolierung von der Allheit gedacht wird. Das ethische Selbstbewußtsein aber, welches sich nicht einmal in die Seele des Verfolgten denkt, d. h. der Vermittlung des Mitleids nicht bedarf, „versetzt sich unmittelbar in die Allheit des Rechtes und des Staates" (l. c. S. 497 f.). „Für dieses ethisch geschulte Selbstbewußtsein bedarf es der privaten Kontrolle nicht, ob auch der Ehrenschild des Gewissens blank und tadellos erhalten bleibe; denn die Ehre strahlt ihm erst von dem andern Menschen aus der Allheit des Rechtes und des Staates zurück. Daher kann das kasuistische Bedenken sich gar nicht zu einer gespensterhaften Gestalt verdichten. Hier handelt es sich nicht um Lüge, sondern vielmehr um Wahrhaftigkeit, um die Erhaltung des Selbstbewußtseins der Allheit im Rechte" (l. c. S. 498). Denn die wirkliche Lüge treibt ihr Spiel mit der Ehre des anderen, indem sie die Voraussetzungen seines Denkens und Handelns verfälscht, und sie verwandelt und verdreht den Lügenden selbst, indem sie sein sittliches Ich verrenkt und verwirrt. Da sich nun in dem angezogenen Beispiel der Fragende außerhalb der sittlichen Allheit gestellt hat, während der Verfolgte, gleich mir, in dieser Allheit ihm entgegensteht, so würde ich durch meine Antwort gemäß einer angeblichen Wahrhaftigkeit einem Konflikt zwischen beiden die Wege ebnen. Schon aus diesem Gesichtspunkte wird das kasuistische Problem hinfällig. Denn die Wahrhaftigkeit hat das Selbstbewußtsein als das der Allheit zu fördern. Wer sich außerhalb der Allheit stellt, ist nicht mehr als Glied derselben zu betrachten und zu behandeln. Mit gedanken- und gewissenlosem Ja- oder Neinsagen ohne Rücksicht auf den Fragenden ist nur einer formalistisch aufgefaßten Wahrhaftigkeit zu dienen. Da die letztere jedoch notwendig in der Erkenntnis gegründet ist, so fordert sie scharfe Prüfung aller Umstände jedes einzelnen Falles. Die Zurückhaltung der Wahrheit durch bloßes Schweigen würde hier auch bei formalistischer Betrachtung doch kaum Bedenken unterliegen; „wie kann es daher so schwere Bedenken erregen, wenn zur Enthaltung die Entstellung der Richtigkeit hinzugefügt wird, um die Sittlichkeit zu retten?" Die Wahrhaftigkeit darf eben nicht mit dem Sinn für Richtigkeit verwechselt werden, welcher in ihr nur das erste Element, das der Erkenntnis bildet und der Ergänzung durch das Moment der Sittlichkeit bedarf. Diese letztere steht im Vordergrunde. Daher ist hier so wenig von einer Notlüge die Rede, als man im Falle der Notwehr von einem Notmorde spricht (l. c. S. 498 f.). Solche, bei jeder Tugend unvermeidlichen kasuistischen Kollisionen haben nach Cohens Meinung ihren Grund in dem Gegensatze der Allheit (Staat, Menschheit) zu den relativen Gemeinschaften. Die letzteren, Mehrheiten, zu denen der Affekt der Liebe führt, müssen aber der Allheit untergeordnet sein (l. c. S. 458). Entsprechend muß sich die Tugend, welche auf die relative Gemeinschaft geht, jener, welche auf die Allheit gerichtet ist, unterordnen, wodurch verhütet wird, daß sich jener Gegensatz zum Widerspruch gestalte (l. c. S. 499).

Viel näher als Cohen kommt der Kantischen Auffassung Th. Lipps, der im Gegensatz zu dem ersteren den individualistischen Gesichtspunkt in seiner Behandlung des Problems zu seinem Rechte kommen läßt, wenngleich auch er sich die rigoristischen Folgerungen Kants nicht zu eigen zu machen vermag.

Die Lüge ist „Untreue gegen mich", „Aufgabe meines eigenen Wesens", und sie wird als solche gefühlt. Denn nach psychologischer Notwendigkeit ist das Bewußtsein, ein anderer glaube das Vorgetäuschte, in dem Täuschenden selbst eine Nötigung zu einem entsprechenden eigenen Glauben. Diese Nötigung setzt sich seinem Wissen entgegen und wird als Selbstverneinung verspürt (Die eth. Grundfragen, 2. A. 1905, S. 162). Das entscheidende Moment ist jedoch dies: der Lügende weckt in dem Belogenen nicht nur einen dem eigenen Wissen entgegengesetzten Glauben, sondern erzeugt in ihm das Bewußtsein, er wolle in seinen Worten seinen tatsächlichen Gedanken Ausdruck geben. Das scheinbare Wollen des Lügenden wird in dem Belogenen zum tatsächlichen eigenen Wollen: er will, daß jener sage, was er denkt. Nun wird aber vermöge eines Aktes der „praktischen Sympathie" dies Wollen des Getäuschten in dem Täuschenden nacherlebt, aber als ein objektiviertes Wollen, und als solches ist es jetzt ein Sollen oder eine Verpflichtung geworden. Dieser selbstgeschaffenen Verpflichtung nun widersetzt sich der Lügende, verneint sich damit im Grunde seines Wesens, verneint seine innere Freiheit und tut bewußt seinem Selbstbewußtsein Abbruch. Hieraus erklärt sich das die Lüge begleitende tiefgehende Gefühl der Erniedrigung oder Beschämung, das um so heftiger und unerträglicher ist, je stärker die Persönlichkeit des Lügenden gegen solche Verneinung reagiert, je gesunder sie also innerlich ist und demnach, was sie ist, wirklich sein will. Ferner wird die Lüge um so schwerer bedrücken, je mehr das innere Geschehen in dem Belogenen von dem Lügenden als etwas für diesen Bedeutsames miterlebt wird, und endlich, je

mehr das lügend verneinte Glauben oder Wissen in der
Persönlichkeit des Lügenden wurzelt. In ihrer Bedeutung
als eines Zeichens der Schwäche, des Mangels an Selbst-
achtung und zugleich an Achtung vor anderen, der Ober-
flächlichkeit, die es leicht nimmt mit dem Wert der Überzeugungen für die Persönlichkeit, liegt das Verwerfliche
der Lüge (l. c. S. 162 f.). Somit ist es in der Natur des
Menschen begründet, die Lüge als eine innere Schädigung
zu verspüren und zu verurteilen (l. c. S. 165). Dies gilt
allgemein von der Lüge als solcher. Sofern sie Schaden
in der Welt anstiftet, verfällt sie einer besonderen sittlichen Verurteilung. Andererseits aber können mit der
Pflicht der Wahrhaftigkeit andere Pflichten in Widerstreit
geraten. Es kann sicher oder zu befürchten sein, daß
durch das Bekenntnis der Wahrheit Irrtümer entstehen,
daß falsche Konsequenzen daraus gezogen werden. Dann
besteht die Gefahr, daß der Wahrhaftige erst recht un-
wahrhaftig werde. Das Bekenntnis der Wahrheit kann
aber unter Umständen auch schweres sittliches Unrecht
bewirken. Es kann z. B. das Bekanntwerden eines, wenn
auch gebüßten Fehltrittes eines Menschen aller Voraus-
sicht nach der „Gesellschaft" willkommene Gelegenheit
geben, jenen moralisch zu Tode zu hetzen. Wird nun
jemand, der den Sachverhalt kennt, darüber befragt, und
käme das bloße Schweigen einer Bejahung gleich, wer
würde dann wagen, den sittlich zu verurteilen, der bewußt
leugnete? Gleichwohl wird diesen die Lüge bedrücken;
denn er wird sie als solche wegen der inneren Schädigung,
die er sich damit zufügt, sittlich verurteilen müssen. Trotz-
dem wird ihm das Bewußtsein bleiben, recht gehandelt
zu haben. Denn auch bei der Lüge ist der eigentliche
Gegenstand der sittlichen Bewertung nicht die Tat, sondern

das Ganze der Gesinnung, aus welcher jene im gegebenen Falle erwächst (l. c. S. 166).

Die bereits oben gestreifte Frage der politischen Lüge ist von G. Rümelin, der selbst verschiedentlich in staatsmännischer Stellung tätig gewesen, in einer speziellen Untersuchung des Verhältnisses der Politik zur Moral behandelt worden (Reden u. Auff., 1875, S. 144 ff.), deren Grundgedanken und Resultate in bezug auf das Problem der Lüge hier zum Schlusse dieses Teiles der Darstellung wiedergegeben seien.

Rümelin verbindet idealistische Anschauungen mit eudämonistisch-utilitarischen. Nach seiner Meinung steht die Politik gleich allem menschlichen Handeln unter der Herrschaft eines sittlichen Sollens; aber die Moral, welche dem einzelnen seine Tugenden und Pflichten vorzeichnet, ist für die Lenkung des Staatsganzen nicht zu gebrauchen. Vielmehr trägt die Politik ein selbständiges und unabhängiges Prinzip ihres Handelns in sich: der Erhaltung und Wohlfahrt des Gemeinwesens ist jede andere Rücksicht untergeordnet (salus publica suprema lex esto). Doch ist dies nicht so zu verstehen, als ob für politische Zwecke auch Verbrechen zu den erlaubten Mitteln zu rechnen seien (l. c. S. 156 f.). Denn die Politik tritt keineswegs aus dem Kreis der sittlichen Ideen überhaupt heraus und kann darum nicht zum Moralischen in Widerspruch treten. Es ist vielmehr ihre Aufgabe, durch Wahrung und Fortentwicklung des Rechtes für die Ausbreitung des Guten zu wirken, d. i. des wahrhaft Zweckmäßigen und Vernünftigen, dessen, was echtes und allgemeines Menschenglück schafft, was die Menschheit fördert und zur Entwicklung ihrer edelsten und höchsten Kräfte führt (l. c. S. 162 f.). — Von widersittlichen Handlungen ist man nach alten Traditionen gewohnt die Lüge als fast unerläßliche Beigabe der Politik und Diplomatik anzusehen. „Kein Amt oder Dienstverhältnis aber kann zu unehrenhaften und sittlich unerlaubten Handlungen ermächtigen oder verpflichten. Auch wird der Staatsmann im inneren Staatsleben sowie im friedlichen Verkehr der Völker keinen Anlaß finden können, die Pflicht einer richtig verstandenen Offenheit und Wahrheit zu verletzen." Im Kriegszustande aber und schon bei drohender Kriegsgefahr, also im Falle eines Notstandes, hat derjenige, welcher für ein ganzes Volk zu handeln hat, allen Anlaß, in der Wahl seiner Mittel sich innerhalb der vom Völkerrecht und der Rücksicht auf eine natürliche Humanität gezogenen Grenzen zu halten. „Wo Gewalt erlaubt ist, kann List nicht verboten sein; wen man töten darf, den muß man auch täuschen dürfen, und wenn man mit beidem den gleichen Erfolg erzielen könnte, so müßte die Täuschung als das humanere und schonendere Mittel den Vorzug verdienen" (l. c. S. 166 f.).

———

Es ist nicht ohne Interesse, noch einen Blick auf die neuere christliche Ethik zu werfen und zuzusehen, in welcher Weise sie das Problem der Lüge zu lösen versucht hat. Man könnte von vornherein erwarten, daß die katholischen Moralisten, gebunden an die Entscheidungen ihrer großen Autoritäten Augustin und Thomas, dasselbe als ein längst definitiv gelöstes erachten, während den protestantischen Theologen ihre freiere Stellung eine selbständige Behandlung und Lösung des Problems ermögliche, wobei es aber immer noch eine offene Frage bliebe, wie sich die letzteren mit dem unzweifelhaften paulinischen Rigorismus abfinden möchten.

Was die ersteren anlangt, so behauptet es der Jesuit Cathrein ausdrücklich, daß die Katholiken „nach wie vor

mit dem hl. Augustinus einstimmig jede Lüge als unerlaubt verwerfen" (Moralphilos., 2. Bd. S. 76). Jedoch
ist diese Behauptung unrichtig. Denn wenngleich bei der
heutigen straffen Zucht innerhalb der katholischen Kirche
und ihrer Organisationen ein jeder Dissens in dieser wie
in anderen Lehren beizeiten inhibiert würde, so konnte
sich ein solcher ehemals wenigstens hervorwagen, und
gerade ein früherer Ordensbruder Cathreins, der als
klassischer katholischer Schriftsteller geltende Bolgeni, ist
es gewesen, der in der Frage der Lüge eine grundsätzlich
abweichende Meinung vertreten hat.

Joh. Vinz. Bolgeni, ein Zeitgenosse Kants, bekämpft entschieden den Rigorismus, der keine Ausnahme
vom Gebote der Wahrhaftigkeit zuläßt, während doch
moralisch gewiß ist, daß im Falle des Zusammentreffens
zweier Gebote, die nicht beide zu gleicher Zeit erfüllt
werden können, das eine und zwar das minder wichtige
aufhört zu verpflichten. Dies ist z. B. der Fall, wenn
man eine Lüge gebraucht, um einem wichtigeren Gebote,
etwa der Ehre des Nächsten nicht zu schaden, nachkommen
zu können (Untersuchungen über d. Besitz als Fundamental-
prinzip für d. Entscheidung von Fällen a. d. Gebiete d.
Moral. A. d. Ital. übers., 1857, S. 144).

Doch stand das Ansehen der alten Autoritäten zu
fest gegründet, als daß Bolgenis Deduktionen wider jene
hätten aufkommen können. Übrigens ist die Lehre von
der Lüge gerade von den Jesuiten in eine typische Form
gebracht worden, die auch über den engeren Kreis ihrer
Urheber hinaus bei den sonstigen katholischen Moral-
lehrern Anhänger gewonnen hat. Sie findet sich z. B.
ausführlich dargestellt bei dem schon genannten Cathrein
(Moralphilos., 2. Bd. 1891, S. 71 ff.). Sich streng an die
Entscheidungen des Augustinus und Thomas haltend,

verwirft derselbe grundsätzlich jede Lüge ohne Ausnahme und bekämpft mit dem Rüstzeug der Scholastik die gegenteiligen Lehren. Schließlich entwickelt er die bekannten, vielberufenen jesuitischen Lehren von den Amphibologien und Restriktionen, den Mitteln für ein angeblich richtiges Verhalten in Konfliktsfällen.

Mit minderem Geschick hat diese Lehre etwas früher F. X. Linsenmann (Lehrb. d. Moraltheol., 1878, S. 440 ff.) vorgetragen, während Ant. Koch (Lehrb. d. Moraltheol., 1905, S. 445 ff.) sich hierin an Cathrein anlehnt. Wenn die zuletzt Genannten in dem, was sie über die Lüge sagen, auch in Einzelheiten, wie Begriffsbestimmungen, etwas auseinandergehen, so stimmen sie doch in allem Wesentlichen vollkommen überein.

Auf seiten des Protestantismus hat sich dessen erster Theolog der neueren Zeit, Schleiermacher, folgendermaßen zu dem Problem der Lüge geäußert (Die christliche Sitte, S. W. 1835 ff., 1. Abt., 12. Bd. S. 705 f.): Das Leben hat nirgend den reinen sittlichen Ursprung und Verlauf, und aus dieser Unvollkommenheit erfließen notwendig mancherlei Kollisionen und kasuistische Fragen, z. B. die, ob es erlaubt sei, in gewissen Fällen die Unwahrheit zu sagen. „Wir verneinen sie, und jeder wird sie mit uns verneinen, sofern es darauf ankommt, von vornherein ein sittliches Leben zu konstruieren. Jeder solle alle seine Verhältnisse so ordnen, daß ihm die Notwendigkeit eine Unwahrheit zu sagen, gar nicht entstehen kann, so also, daß niemand wagen wird, ihm eine ungehörige Frage vorzulegen, oder wagt man es doch, daß sie ohne Notlüge zu beseitigen ist." Wenn man es nun aber versäumt hat, sein Leben in dieser Weise einzurichten, oder mit solchen zusammenleben muß, welche die verschiedenen Lebensgebiete mit einander vermischen und darum auch in solchen Beziehungen fragen, in welchen sie wissen sollten, daß ihnen nichts gesagt werden darf, und wenn eine einfache Abweisung der Frage gerade die Antwort wäre, welche man nicht geben darf, „dann ist es schwerlich immer möglich, der Unwahrheit ganz zu entgehen, und die Erniedrigung, die in jeder Lüge liegt, widerfährt dann nicht dem Antwortenden, sondern dem unsittlich Fragenden". Solchen Kollisionen vorzubeugen vermag allein die Weisheit, welche das höchste Produkt der Besonnenheit ist; sie läßt jeden von Anfang an die rechte Stellung einnehmen. Sie ist darum vor allem an= zustreben, obgleich sie ein Unendliches ist. Im übrigen gilt stets, auch in jeder gegebenen Kollision, die Regel: „aus der vollkommenen Besonnenheit heraus zu handeln, die immer die Totalität aller Verhältnisse im Auge hat und behält". Solange nicht der sittliche Zustand zu seiner Vollendung gelangt ist, wird jeder unter der Verworren= heit der Gesamtheit zu leiden haben und in schwierige Gewissenszustände kommen, in welchen nur jene aus dem christlichen Geiste der Wahrheit und Liebe entspringende Besonnenheit imstande ist, die allein der Wahrheit, der Sittlichkeit angemessene Entscheidung treffen zu lassen. Der christlichen Ethik obliegt es, ausschließlich diesen Geist zur Darstellung zu bringen. Hieraus aber erhellt, wie Schleiermacher dazu kommt, oben wenigstens im Prinzip die Zulässigkeit jeder Lüge zu bestreiten.

Rich. Rothe bestimmt die Lüge als den lieblosen Mißbrauch der Sprache oder anderer universeller Dar= stellungsmittel zur absichtlichen Täuschung des Nächsten (Theol. Ethik, 2. A. 1867—71, 4. Bd. S. 346ff.). Steht also die absichtliche Täuschung des Nächsten durch Un= wahrreden nicht in einem Kausalzusammenhang mit der Lieblosigkeit, so fällt sie nicht unter den Begriff der Lüge.

Wenn infolge besonderer Umstände die sittliche Gemein=
schaft zwischen den Menschen aufgehoben ist, so kann nicht
mehr von Liebe, also auch nicht von Lieblosigkeit und
Lüge die Rede sein. Wer aber im Bewußtsein, ein
reines Werk der Nächstenliebe zu üben, unwahr redet,
lügt nicht; denn die Liebe ist die wahre Ehrlichkeit.

Martensen unterscheidet in seinen vielangefochtenen
Darlegungen (Die christl. Ethik, 2. Tl., 1878, S. 245 ff.)
eine höhere, Gesinnung und Pflicht der Liebe umfassende
und eine niedere, abstrakte, bloß formale Wahrheit oder
die Wahrheit des Geistes und die des Buchstabens. Beide
können für das handelnde Individuum mit einander
kollidieren, und dann ist die letztere der ersteren unterzu=
ordnen. Eine solche Unwahrheit aus Not ist, wenngleich
vom Standpunkt des Ideals verwerflich, dennoch als
relativ berechtigt und pflichtmäßig anzusehen, weil durch
sie größere Übel abgewehrt werden. Doch ist einzuräumen,
„daß in einer jeden derartigen Unwahrheit etwas von
Sünde, ja etwas ist, was der Entschuldigung und der
Vergebung bedarf". Dem Widerspruche, bei dem Mar=
tensen hier sich selbst ertappt, begegnet er mit einem
Hinweise auf die zahlreichen Widersprüche und Verwick=
lungen dieser Welt.

Ähnlich erklärt K. Burger, daß die Notlüge ge=
stattet ist, „wenn ich individuell zur Rettung (eines Menschen=
lebens oder sonst eines höheren Gutes) keinen anderen
Ausweg ersinnen, kein anderes Mittel erfinden kann",
aber „selbst dann greife ich zu diesem Mittel nicht ohne
schuldbewußtes Gefühl meiner Unzulänglichkeit und
Schwäche. Denn es muß möglich sein, ohne Lüge durch=
zukommen" (Herzogs Realenzyklopädie, 11. Bd., 1902,
Art. „Lüge").

Aus den im vorstehenden wiedergegebenen Erörterungen, die das Problem der Lüge seit Kant gefunden hat, dürfte zur Genüge hervorgehen, daß ihm auch in der neueren Ethik die Bedeutung einer „großen Frage" zuerkannt worden ist. Indessen ist man — abgesehen natürlich von der spezifisch katholischen Ethik — in praktischer Hinsicht zu einer im ganzen übereinstimmenden Beantwortung derselben gelangt. Der Rigorismus der Kant und Fichte, der schon bei manchen ihrer Zeitgenossen auf Widerspruch gestoßen war, hat sich nicht einmal innerhalb des deutschen Idealismus längere Zeit zu behaupten vermocht. Man hat sich schon sehr bald genötigt gesehen, das unbedingte Verbot der Lüge fallen zu lassen und ihren bedingten Gebrauch zuzugestehen.

Was hat nun nicht bloß den ethischen Radikalismus, den Positivismus und Utilitarismus, sondern auch den Idealismus, den Neukantianismus, die christliche Ethik des Protestantismus bewogen, von der strengen Forderung der unbedingten Enthaltung von der Lüge abzugehen? Oder zuvörderst: was hat Kant veranlaßt, jene alte strenge Forderung zu erneuern und ihm den Beifall wenigstens vereinzelter Denker eingebracht?

Oben wurde gesagt, daß in seiner Stellungnahme eine Reaktion gegen die Wolffsche Lehrmeinung zu erblicken sei. Doch trifft dies nur das Zufällige ihrer historischen Bedingtheit. Der in der Sache selbst liegende Grund, der Kant zu seiner Entscheidung des Problems

bestimmte, ist derselbe, auf dem aller religiöse und philosophische Rigorismus in dieser Frage beruht: er sieht in
der Lüge etwas an sich Verwerfliches, das in unversöhn-
lichem Gegensatz steht zu dem von ihm vertretenen
ethischen Ideale, dem „Reiche Gottes auf Erden". So
haben schon die Stoiker, diese freilich unter Einschränkung
des Begriffs der Lüge, gelehrt, der Weise, d. h. der schlechthin Vollkommene, an Glückseligkeit selbst hinter Zeus
nicht Zurückstehende (Zeller III, 1, S. 257), also Gott-
ähnliche, lüge nicht. So verbietet die christliche Religion
jede Lüge; denn ihr Ideal ist die göttliche Vollkommenheit des Menschen (Matth. 5, 48). Auf die Verwandt-
schaft des spinozistischen „weisen und freien Menschen",
der jede Arglist verschmäht, mit dem stoischen Weisen
wurde bereits oben hingewiesen. Fichte wiederum, der
das strenge Verbot der Lüge von Kant übernahm, kämpft
für ein ebenso hohes Ziel wie dieser: die absolut sittliche
Menschengemeinschaft, die „Gemeinde der Heiligen" (Erdmann II, S. 462), während der über die Lüge gleichfalls
rigoristisch urteilende Krause sein sittliches Ideal in die
bezeichnenden Worte kleidet, mit denen er seine „Gebote
der Menschheit an jeden einzelnen Menschen" schließt:
„Vollkommen, gottähnlich, selig ist, wer diese Gebote
hält." Alle diese ethischen Ideale, die schon im Ausdruck
einander nahekommen, sind in der Tat völlig identisch,
es ist nur ein Ideal: die denkbar höchste sittliche Vollendung des Menschen. Je mehr aber dies Endziel im
Geiste des Moralisten in den Vordergrund tritt, desto
mehr wird er ihm seine Forderungen anpassen, und es
verschlägt der Ethik dieses hochgespannten Idealismus
nichts, daß ihre Forderungen für den handelnden Menschen,
an den sie sich doch richten, unter Umständen einander

zuwiderlaufen,[1]) oder daß die einzelne Forderung der
Wahrhaftigkeit, die doch immer nur einen Teilinhalt
jenes Gesamtideals ausmacht, einseitig und willkürlich
besonders betont wird. Dies letztere aber begreift sich
leicht aus der besonderen Weise, wie die Rigoristen das
Wesen der Lüge deuten, wovon im folgenden noch die
Rede zu sein hat.

Aus solchen Ursachen also ist der von Kant, Fichte
und Krause vertretene Rigorismus erwachsen. Gewisser-
maßen als Probe für die Richtigkeit dieser Ableitung
desselben kann die Behandlung des Problems bei Schleiermacher dienen, der sich zunächst, d. h. solange er sich das
sittliche Ideal gegenwärtig hält, entschieden zu der strengen
Auffassung bekennt, um sich alsbald, sowie er den Blick
auf die realen Lebensverhältnisse zurückwendet, im Widerspruch mit seiner eben abgegebenen Erklärung zu Zuge-
ständnissen zu verstehen.

Die Ablehnung des Rigorismus, worin sich in so
bemerkenswerter Übereinstimmung die verschiedensten
ethischen Richtungen zusammenfinden, kann nun, abgesehen

---

[1]) Religiöse Gebote können sich auch wirklich nicht auf ein Wenn
und Aber einlassen. Sie beschränken sich mit Recht darauf, das Endziel zu weisen, stellen also uneingeschränkte idealistische Forderungen
dar. Gerade in ihrer idealistischen Schroffheit liegt ihr tiefer Sinn
und hoher Wert, und sehr mit Unrecht beklagt es daher Paulsen als
eine schmerzliche Lücke in der Ethik des Christentums, daß sie manch-
mal den handelnden Menschen im Stiche lasse. Wer könnte sich überdies ein mit religiöser Würde umkleidetes Gebot in verklausulierter
Form vorstellen? Der Lapidarstil der kategorischen Forderung erscheint
ihm allein angemessen. Allerdings ist richtig, daß die über alles zeitliche
Getriebe hoch erhabene Idealität der religiösen Gebote als Vorschriften
menschlicher Sittlichkeit ein Problem in sich schließt, und gerade das
absolute Verbot der Lüge bietet das Beispiel eines solchen, wie seine
Geschichte zeigt, recht schwierigen Problems.

von der Fülle der Besonderheiten im einzelnen, auf zweierlei Weise, unter dem utilitarischen oder dem idealistischen Gesichtspunkte, erfolgen. Entweder man bestreitet, daß dem Gebote der Wahrhaftigkeit der Charakter einer absoluten sittlichen Norm zukomme, und will den „Forderungen des Tages“ Rechnung tragen, um den realen Schadenfolgen des Wahrheitsagens vorzubeugen, oder man erkennt der Wahrhaftigkeit ihre Stelle in einer Rangordnung in sich selbst begründeter sittlicher Ideen zu, läßt sich aber von der Einsicht leiten, daß man handelnd unmöglich zugleich zwei sich kreuzenden sittlichen Vorschriften zu genügen vermag, sondern sich für die Erfüllung der einen, dringenderen, und damit die Vernachlässigung der anderen, minder dringenden — und dies kann öfter die Wahrhaftigkeit sein — entscheiden müsse. Der erstere Grund war, worauf bereits oben hingewiesen wurde, vorherrschend bestimmend für die Zulassung der Lüge seitens der älteren und alten Ethiker, während sich der andere bei ihnen nur beiläufig als wirksam erwiesen hatte und von ihnen nie klar ausgesprochen worden zu sein scheint.

Damit ist bereits gesagt, worüber man noch nicht einig geworden ist. Es ist dies gerade das für die philosophische Betrachtung Hauptsächliche: die prinzipielle Beurteilung des Wesens der Lüge. Indessen heben die Meinungsverschiedenheiten schon bei ihrer Begriffsbestimmung an.

Um festzustellen, was unter der Lüge zu verstehen ist, muß man ihren Begriff der Sprache in dem Sinne entnehmen, in welchem er unzweideutig im sprachlichen Verkehr gebräuchlich ist. Etymologischer Analyse u. dgl. bedarf es dabei nicht. So ergibt sich, daß man unter Lüge den Gebrauch wissentlich unwahrer Worte (oder statt dieser auch Zeichen oder Handlungen) in der Absicht zu täuschen versteht. Die weitaus überwiegende Mehrheit der neueren Ethiker ist denn auch mit dieser Definition der Lüge, die im Grunde von jeher dem vorurteilsfreien Denken entsprach, einverstanden.

Nun wird man nicht mit Steffens darüber rechten wollen, wenn er gesprächsweise und in höchster seelischer Erregung erklärt, er nenne eine zur Verhütung großen Unheils gebrauchte Lüge „eine Wahrheit, meine Wahrheit". Dagegen müssen mehrere eigentliche Definitionen der Lüge abgewiesen werden. Rothe (S. 371) will den Begriff der Wahrhaftigkeit „aus seinen vorhandenen Elementen, d. h. aus der Natur des Verhältnisses, welches an diesem besonderen Orte der Pflicht gemäß bestimmt werden soll," konstruieren, und dies führt ihn dazu, in jenen Begriff und somit auch den der Lüge das Moment der Liebe bzw. der Lieblosigkeit mitaufzunehmen. So gelangt er zu einer mit dem Sprachgebrauch in Widerspruch stehenden, ganz unannehmbaren, viel zu engen Definition der Lüge. Eine solche, nach Belieben zurecht gemachte Begriffsbestimmung bietet freilich ihrem Urheber die Annehmlichkeit, ihm die glatte Lösung des Problems in dem von vornherein erwünschten Sinne zu ermöglichen. Im Grunde aber werden auf diesem Wege dessen eigentümliche Schwierigkeiten gleich anfangs abgeschnitten, nicht gelöst. Einer gleichen Willkür macht sich Cohen schuldig, wenn er die Lüge zugunsten der „Allheit des Rechtes und Staates" ihres Charakters als Lüge entkleiden will, wenn er erklärt, hier handle es sich nicht um Lüge, sondern um Wahrhaftigkeit. Dasselbe ist auch gegen Gizycki zu sagen, der, wie gezeigt, das „dyslogistische" Wort Lüge nur für einen zu engen Kreis der Unwahrheiten gelten lassen will. Auch mit Martensens Unterscheidung einer höheren und einer niederen Wahrheit und den entsprechenden zwei Arten der Unwahrheit weiß ein gerader Sinn nichts anzufangen. Noch entschiedener muß die Definition abgelehnt werden, welche Döring aufstellt. Darnach soll Lüge nur die bewußt unwahre Aussage heißen, welche in der Absicht geschieht, dem anderen zu schaden. Daß Döring nicht konsequent an seiner Definition festhält, ist hier ohne Belang; es genügt, daß er sie vorausschickt. Sie stellt einen schlimmen Rückfall dar auf den Wolffschen Standpunkt, der heute geradezu unsittlich anmutet, und darf wohl neben manchem anderen, was dieser Autor vorträgt, für ein Beispiel der von Lipps (S. 79) hervorgehobenen bedenklichen Wirkung des englischen Utilitarismus angesehen werden. — Übrigens sind solche unzulässigen Einschränkungen des Begriffs der Lüge, wie aus den Darlegungen der Einleitung ersichtlich ist, schon von den Griechen, zumal den Stoikern, namentlich aber von Grotius und seiner Gefolgschaft vorgenommen worden.

Hier erhebt sich nun die erste der zentralen Fragen des Problems: Kann der von dem festgestellten richtigen Begriff der Lüge bezeichnete sittliche Tatbestand Gegenstand eines in ihm selbst oder bloß in seinen Folgen begründeten Verbotes sein?

Soviel steht fest, daß zur Aufhellung und Beantwortung dieser Frage historisch-genetische Untersuchungen über die menschlichen Ansichten von der Lüge nichts beizusteuern vermögen. Denn so wichtig sie für die Geschichte der Kultur, näher der Ethik, auch sein mögen, so ist ihr Ergebnis doch vollständig irrelevant für die Entscheidung der Frage nach dem wahren Wesen der Lüge selbst. Denn dieses läßt sich nicht erschließen aus der von äußeren Bedingungen abhängigen, allmählichen Entwicklung der

Meinung, die man im Laufe der Zeiten von ihr hatte. Hier tritt vielmehr die begriffliche Untersuchung in ihre Rechte.

Bei Kant erscheint die Wahrhaftigkeit als eine Grundtugend, während ihr früher meist der Rang einer abgeleiteten Tugend zugewiesen wurde, mit dem sie sich auch noch bei einzelnen neueren Ethikern begnügen muß. Und es bleibt ein hohes Verdienst Kants, auch in der für die ethische Theorie sowohl wie die Moral des täglichen Lebens eminent bedeutsamen Frage nach der Natur der Lüge der Menschheit die Wahrheit gezeigt und das Gewissen geschärft zu haben, auch dann, wenn es sich ergeben sollte, daß weder die Begründung, die er seiner Lehre gab, noch die Forderungen, die er daran knüpfte, im einzelnen gebilligt werden können. In der Hauptsache hat er richtig entschieden und den Entscheid richtig begründet: die Lüge ist an sich unsittlich; denn sie ist eine Verletzung der Pflicht des Menschen gegen sich, eine Wegwerfung seiner selbst, eine Preisgabe seiner Menschenwürde, oder wie dies Krause ausdrückt: die Lüge macht den Lügenden sich selbst zum Gespenst. Es entspricht auch völlig dem moralischen Sachverhalt, sie mit dem Selbstmord in eine Parallele zu setzen. Wie durch diesen die physische, so wird durch jene die moralische Person aufgehoben, insofern durch sie ein Teil des eigenen psychischen Wesens und zwar gerade derjenige, worauf die Aufmerksamkeit des anderen eingestellt oder sogar von dem Täuschenden selbst hingelenkt ist, vorsätzlich negiert wird. Nur hat nicht, wie die Tat der Selbstentleibung den physischen Tod, die selbstmörderische Schädigung der Seele durch die bloß gelegentliche Lüge schon die völlige Vernichtung der moralischen Person zur Folge; erst das zur Verlogenheit gewordene Lügen bedeutet moralischen Tod.

Dieser Auffassung vom Wesen der Lüge stimmen denn auch, wie sich gezeigt hat, wenngleich zum Teil aus anderen Gründen, die meisten der idealistischen Denker zu. Hartmann und Paulsen betrachten zwar die Lüge ebenfalls als etwas an sich Verwerfliches, lassen aber den objektiven Grund ihrer Verwerflichkeit, ihre Wirkung der Zerstörung des Vertrauens, so sehr in den Vordergrund treten, daß dadurch ihr anfänglich erklärtes Einverständnis mit Kant geradezu wiederaufgehoben wird und schließlich beide die Lüge, welche jene objektive Wirkung nicht zeitigt, als harmlos angesehen wissen wollen.

Schopenhauer, der übrigens selbst dem Problem in keiner Weise gerecht wird, tadelt Kants Ableitung der Verwerflichkeit der Lüge aus dem Mißbrauch des Sprachvermögens. Hierin ist seine Kritik zutreffend, da ja die Sprache, ob sie zur Mitteilung objektiv oder subjektiv wahrer oder (in künstlerischer Betätigung) wissentlich unwahrer Tatbestände oder auch solcher, verbunden mit der Absicht zu täuschen, also zur Lüge dient, stets in gleicher Weise das Mittel zur Erweckung eines bestimmten Gedankens in anderen bildet, also ihren wahren Zweck erfüllt und darum auch in keinem Falle mißbraucht wird. Dieses Argument für die Verwerflichkeit der Lüge, das sich noch immer da und dort, z. B. in der katholischen Moraltheologie, angewandt findet, hätte in der Tat längst fallen gelassen werden sollen. Indessen kann dies eine untaugliche Glied aus Kants Argumentation herausgenommen werden, ohne daß diese im übrigen etwas von ihrer Beweiskraft einbüßte. Denn der springende Punkt, die Aufgabe der eigenen Persönlichkeit, die mit jeder Lüge für den Lügenden unmittelbar und unausweichlich verknüpft ist, wird ja an derselben Stelle von Kant mit

aller Deutlichkeit hervorgehoben und bedarf keineswegs
der Zurückführung auf ein noch ursprünglicheres Argument wider die Lüge, denn sie ist selbst das ursprünglichste
und wesentlichste und wird als solches neuerdings von
Lipps nachdrücklich betont. Die übrigen Gründe für die
Verwerflichkeit der Lüge, unter denen die Schädigung des
wechselseitigen Vertrauens voranzustellen ist, kommen erst
in zweiter Reihe in Betracht.

Für manche Ethiker hat allerdings diese individua-
listische Begründung des Gebotes der Wahrhaftigkeit etwas
ganz Unannehmbares. Cohen läßt an die Stelle des
individuellen Selbstbewußtseins, das doch zunächst und
im eigentlichen Sinne durch die Wahrhaftigkeit gewahrt
werden soll, das „der Allheit des Rechtes und des Staates"
einrücken. Also nicht darin beruht für ihn der Sinn und
Wert der Wahrhaftigkeit, was sie für das Individuum,
sondern darin, was sie für die Gesamtheit bedeutet.
Cohens Versuch, das Problem der Lüge zu lösen, entspringt als notwendige Konsequenz der außerordentlichen
Bevorzugung, welcher er im allgemeinen dem Staate
vor seinen Gliedern zuteil werden läßt.[1]

Jhering u. a. lassen das Gebot der Wahrhaftigkeit
in seiner Bedeutung für das Wohl der Gesellschaft begründet sein, und folgerichtig schließt Jhering weiter:
würde sich die letztere bei der Lüge wohler befinden als
bei der Wahrhaftigkeit, dann würde die Lüge sittlich geboten sein. Doch auch dies kann nicht zugegeben werden.
Die Lüge bliebe auch dann noch unsittlich, da sie es, wie
gezeigt, an sich ist, und sittliche Pflicht der Individuen

---

[1] „Die Persönlichkeit des Staates steht uns wahrlich nicht mehr
in einem mythologischen Scheine; es ist uns immer klarer und un-
zweideutiger geworden, daß die Persönlichkeit eher eine Fiktion an
dem Individuum ist." (S. 489.)

wäre es dann, die Gesellschaft aufzuheben, um in ihrem Untergange die Möglichkeit freier sittlicher persönlicher Entfaltung zu gewinnen. Übrigens widerspricht die gemachte Fiktion sich selbst. Denn wie eine Gesellschaft zur Erhaltung ihres physischen Daseins die physische Erhaltung ihrer Glieder bedarf und immer nur die Aufopferung einer beschränkten Anzahl derselben, z. B. im Kriege, fordern kann, so ist der sittliche Bestand einer Gesellschaft nur möglich durch die sittliche Existenz der ihr zugehörigen Individuen, welche demnach als erste Aufgabe ihre moralische Persönlichkeit zu wahren haben. An dieser ein Opfer zu bringen, wie es die Lüge erheischt, könnte darum auf keinen Fall eine sittliche Norm sein, die eine sittliche Gesellschaft ihren Gliedern vorschriebe.

Wenn nun aber als feststehend anzusehen ist, daß die Lüge als solche verwerflich, daß ihr Verbot und somit das Gebot der Wahrhaftigkeit in sich begründet, m. a. W. daß die letztere eine absolute sittliche Idee ist, folgt dann daraus nicht mit zwingender Notwendigkeit, daß jenes Verbot, dieses Gebot unter allen Umständen unverbrüchliche Befolgung erheischt? Die Rigoristen behaupten es ernstlich. Nach Jhering dagegen zieht schon die absolute Fassung des Wahrheitsgebotes, ob man es nun uneingeschränkt oder nur mit einer Einschränkung gelten lassen wolle, einen wissenschaftlichen Bankerott unvermeidlich nach sich. Man übersieht indessen dabei die merkwürdige und bedeutungsvolle, erst in der neueren Ethik nach Gebühr gewürdigte Tatsache der Möglichkeit eines Konfliktes der sittlichen Pflichten. Die Wahrhaftigkeit ist ja nicht die einzige sittliche Idee. Wäre sie dies, dann freilich müßten alle anderen ihr im gegebenen Falle entgegenstehenden Rücksichten ihr untergeordnet werden. Sie ist vielmehr nur ein Glied in einem System in sich begründeter oder absoluter sittlicher Ideen überhaupt, welche zwar für sich einander nicht widersprechen, da selbstverständlich die reine Sittlichkeit in sich widerspruchslos gedacht werden muß, die aber für den zu sittlichem Handeln Berufenen im besonderen Falle in unversöhnlichen Gegensatz zueinander treten können. Beispiele hierfür sind von den angeführten Ethikern reichlich beigebracht worden. In diesem Falle nun kann es in der Tat sittliche Pflicht sein, sich wider die Wahrhaftigkeit zu entscheiden und das Opfer der Selbstverneinung zu bringen,[1] d. h. zu lügen. Denn daran muß gegenüber allen Versuchen einer Begriffsverschiebung mit Entschiedenheit festgehalten werden, daß auch jede noch so entschuldbare, ja pflichtmäßige Unwahrheit eine Lüge im vollen Sinne des Wortes ist.

Ob nun die in einem solchen Konflikt gebrauchte Unwahrheit sich gesprochener Worte oder Zeichen oder Handlungen bedient, ändert, wie aus der Definition der Lüge erhellt, nicht das mindeste an dem moralischen Sachverhalt. Wer sich schlafend stellt, um nicht ermordet zu werden, täuscht seinen Feind durch eine vollendete Simulation, die alle Merkmale der Lüge an sich trägt. Eine solche Lösung dieses Konfliktes ist zwar nach den hier entwickelten Grundsätzen durchaus als zulässig anzusehen. Denn nicht nur dann muß die Lüge für erlaubt, ja sittlich geboten gelten, wenn sie als das einzige Mittel zur Abwehr drohenden Unheils von dem Getäuschten dient, wie

---

[1] In der Pädagogik wird schon die für die Zwecke der Erziehung und des Unterrichts erforderliche Anpassung des Lehrers an die kindliche Vorstellungsweise, und nicht mit Unrecht, als ein fortdauerndes Opfer bezeichnet, das dem männlichen Geiste des Erziehers auferlegt wird. Hiermit vergleiche man das durch die Lüge von dem Menschen geforderte Opfer der moralischen Selbstaufgabe und man wird um so leichter dessen ganze Größe ermessen können.

Jhering meint, sondern auch wenn eine übergeordnete
sittliche Pflicht gegen den Täuschenden selbst besteht, wie
z. B. hier die Erhaltung des eigenen Lebens. Aber darüber
ist jede Täuschung fernzuhalten, daß das hier angewandte
Mittel der Verstellung moralischer oder überhaupt etwas
anderes wäre als eine Lüge. Wer, wie Linsenmann, die
Notlüge verwirft, eine solche Simulation aber gutheißt
(S. 437), macht sich darum eines Widerspruches schuldig.

Übrigens können solche Konflikte ebensowohl wie
im heutigen privaten, so auch im öffentlichen Leben entstehen. Es verrät eine allzu optimistische Auffassung der
wirklichen Verhältnisse, wenn Rümelin meint, daß ein
Staatsmann im inneren Staatsleben und im friedlichen
Verkehr der Völker einen Anlaß zu einer Notlüge nicht
werde finden können. Man denke sich den Fall, ein
Minister lasse einer anderen Behörde auf deren Ersuchen
vertrauliche Auskünfte über irgend welche Verhältnisse
zugehen. Der Minister, welcher nichts davon weiß, daß
durch einen Vertrauensbruch die Beweisstücke seinen
politischen Gegnern in die Hände gespielt worden sind,
werde im Parlament befragt, ob er dergleichen Auskünfte gegeben habe. Wie soll er sich nun verhalten?
Es bleibt ihm nur die Wahl zwischen dem Eingeständnis
der Wahrheit und der Erfüllung einer Berufspflicht, nämlich der Wahrung eines Amtsgeheimnisses. Denn die
Ablehnung einer Beantwortung der an ihn gerichteten
Frage würde einer Bejahung derselben und damit einer
Preisgabe des Geheimnisses gleichkommen. Er wird es
nun vorziehen, der Berufspflicht nachzukommen, und folg-
lich die Unwahrheit sagen. Wenn man ihm dann unter
Vorlage der Dokumente seinen Verstoß gegen die Pflicht
der Wahrhaftigkeit vorwirft, so wird er sein Verhalten

mit dem Hinweise auf die Erfüllung seiner nächſtliegenden Pflicht verteidigen können.[1]

Imgleichen ſind Umſtände unſchwer auszudenken, welche für den Staatsmann auch im friedlichen internationalen Verkehr ſich zu einem nur durch eine Lüge zu löſenden ſittlichen Konflikte zuſpitzen können. Erſt recht beſteht dieſe Möglichkeit allerdings in den von Rümelin allein als in Betracht kommend bezeichneten Fällen des Kriegszuſtandes und der drohenden Kriegsgefahr.

Die Erörterung der öfters ernſthaft geprüften Frage, ob die Lüge im Kriege, d. h. als Mittel der Kriegsführung, erlaubt ſei, entbehrt nicht eines lächerlichen Beigeſchmacks. Denn der Krieg iſt ſeiner Natur nach an die Verletzung ethiſcher Ideale gebunden, die zum Teil, wie vor allem das Gebot, nicht zu töten, mit Recht als dem Ideal der Wahrhaftigkeit übergeordnet angeſehen werden,[2] ſo daß alſo gar nicht einzuſehen iſt, warum gerade das letztere hier nicht verletzt werden ſoll, wenn man doch

---

[1] Der geſchilderte Fall hat ſich vor einigen Jahren in einem deutſchen Staate wirklich zugetragen.

[2] Die ſchwierige Aufgabe der Aufſtellung und Ableitung eines Syſtems der ſittlichen Pflichten liegt außerhalb der Grenzen der gegenwärtigen Unterſuchungen. Daß aber die Erhaltung des Lebens, des fremden wie des eigenen, als eine der Wahrhaftigkeit übergeordnete ſittliche Idee zu betrachten iſt, könnte, wenngleich es nicht allgemein zugegeben wird, wohl auf verſchiedenem Wege eingeſehen werden. Es erhellt ſchon leicht aus der Überlegung, daß das Leben die Vorausſetzung ſittlicher Betätigung überhaupt iſt, daß, wer ein menſchliches Leben vernichtet, damit zugleich den Faden einer ſittlichen Entwicklungsmöglichkeit endgültig zerreißt, während die Verletzung der Pflicht der Wahrhaftigkeit, ſo ſchwer ſie auch ſittlich ins Gewicht fallen und empfunden werden mag, die ſittliche Entwicklung des Unwahrredenden zwar unterbricht, aber nicht definitiv unmöglich macht.

einmal den Krieg unter Umständen für eine sittliche Notwendigkeit hält. Die Kriegslist, d. i. die Täuschung der
Feinde durch Simulation, wird immer zu den erlaubten
Mitteln der Kriegsführung zählen; um hier die Lüge
auszurotten, muß man den Krieg selbst beseitigen. Auch
hier zeigt Kant, was auch im einzelnen gegen ihn ein-
gewendet werden kann, den richtigen Weg, indem er den
ewigen Frieden als sittliche Forderung aufstellt, die übrigens
gleich jener der Wahrhaftigkeit als ein Moment schon
in dem umfassenden Ideale des „Reiches Gottes auf
Erden" enthalten ist. Zugleich tritt hier der Charakter
des Gebotes der Wahrhaftigkeit als eines Ideales besonders deutlich hervor: seine völlige und allgemeine Erfüllung ist eine unbedingte, aber unendliche Aufgabe.

Denn es ist nicht so, daß sich ein sittliches Ideal für
sich allein allgemein und vollständig realisieren ließe,
während die anderen einstweilen unverwirklicht bleiben
könnten. Die sittlichen Ideale sind vielmehr, wie sie von
Natur zusammengehören, auch auf dem Wege ihrer Um-
setzung von Gedankendingen zu realer Zuständlichkeit mit
einander in der Weise verknüpft, daß keines seine volle,
gegen alle denkbaren Wechselfälle des Lebens unbedingt
gesicherte Realisierung erreichen kann, ehe das Ganze der
Sittlichkeit seine Vollendung erlangt haben wird.

In dieser Auffassung des Gebotes der Wahrhaftigkeit als eines sittlichen Ideals ist die allein theoretisch
richtige und zugleich praktisch befriedigende Lösung des
Problems der Wahrhaftigkeit und somit der Lüge zu
erblicken, und sie ist um so stärker zu betonen, als sie in
der neueren Ethik, wiewohl dieser nicht fremd, doch nicht
in dem gebührenden Maße hervorgehoben wird. Denn
die Entscheidung des Problems seitens der Rigoristen birgt
nur die halbe Wahrheit, insofern sie das Wesen der Lüge

richtig erfaßt haben. Ihre Forderung der unbedingten
Enthaltung von ihr dagegen wird nicht nur von der
Praxis des Lebens nicht gebilligt (was noch keine Instanz
gegen die Berechtigung derselben wäre[1])), sondern sie ist
wegen der völligen Verkennung der Möglichkeit eines
Konfliktes der Pflichten und der willkürlichen Bevorzugung
gerade des Ideals der Wahrhaftigkeit auch theoretisch
nicht haltbar. Auf der anderen Seite bedeutet die auf
Grund einer falschen Beurteilung ihres Wesens erfolgende
Gestattung der Lüge ebenfalls nur eine halbe Wahrheit.
Erst dadurch, daß man diesen beiden entgegengesetzten
Standpunkten das in ihnen enthaltene Wahre entnimmt
und verknüpft, erreicht man die Lösung des Problems,
welche allein zugleich das Richtige lehrt und nur Berech-
tigtes und Mögliches fordert.

Es seien nun kurz die Scherzlüge und die konventionellen Unwahrheiten im Lichte der hier vertretenen
Grundsätze betrachtet. Was die erstere anlangt, so ist sie
eine unzweifelhafte Lüge, und doch würde mit Recht
moralischer Pedanterie geziehen werden, wer sie schlechthin für unsittlich erklären wollte. Hierin wird man vielmehr Hartmann zustimmen müssen, welcher, da das
Leben ohnehin ernst genug ist, den Scherz auch im Ge-
wande der Lüge nicht für unzulässig erklärt. Aber freilich muß eine Lüge dieser Art, um harmlos zu sein, als
Scherz unmittelbar kenntlich sein oder es alsbald werden,

---

[1]) Es ist indes bezeichnend genug für die Position, die sich die
Rigoristen geschaffen haben, daß kein Mensch ihnen selbst die Durch-
führung ihrer Grundsätze zutraut. Schon Steffens (S. 159) spricht es
als seine Überzeugung aus, daß Fichte in einem gegebenen Falle gleich
dem ihm von ersterem vorgetragenen seiner mit so großer Entschiedenheit vertretenen Lehre entgegen doch lügen würde. Von Kant darf
man dasselbe vermuten.

nicht nur um der Irreführung eines anderen von längerer Dauer vorzubeugen, sondern vor allem um des Täuschenden selbst willen, damit seine zum Zweck der Erheiterung bewirkte Selbstverneinung zur rechten Zeit wieder aufgehoben werde.

Mit den konventionellen Lügen dagegen hat es eine andere Bewandtnis. Zum großen Teil sind sie überhaupt keine eigentlichen Lügen, sondern abgegriffene Phrasen, die ihren ursprünglichen Sinn verloren haben, aber gleichwohl als Ausdruck der Anerkennung eines sozialen Verhältnisses noch immer Bedeutung besitzen. Im übrigen kann man nur Genugtuung darüber empfinden, daß man von den verstiegenen Höflichkeitsformeln früherer Zeiten zurückgekommen ist und die Tendenz einer weiteren Vereinfachung der noch gebräuchlichen und damit einer fortschreitenden Angleichung der Form an die Wirklichkeit andauert.

Gewiß besteht aber daneben noch ein reiches Maß konventioneller Heuchelei, das nach Möglichkeit zu mindern sittliche Pflicht ist. Doch hat sie zum Teil Anspruch auf mildere Beurteilung, sofern nämlich im Konflikt der Pflichten von ihr Gebrauch gemacht wird, und zwar in dem Widerstreit der Pflicht persönlicher Wahrhaftigkeit mit jener, den Mitmenschen nicht durch kalte, abstoßende Umgangsformen, wie sie vielleicht der augenblicklichen Stimmung oder dem Naturell entsprächen, zu verletzen, sondern schonend zu behandeln; soweit dies zutrifft, ist sie also nicht anders zu beurteilen als die Notlüge, denn sie ist dann selbst nur eine etwas abgeblaßte, zur Sitte gewordene Art der letzteren.

Noch darf hier eine Schwierigkeit nicht unerörtert bleiben, die in der neueren Ethik gleichfalls eine Streitfrage bildet. Ist eine Lüge als sittlich erlaubt, ja geboten, also als pflichtmäßig anzusehen, so wird sie ohne jede Gewissensbeschwerung ausgesprochen. Denn die Erfüllung einer Pflicht hat naturgemäß kein beunruhigendes Schuldbewußtsein, noch irgend welche niederdrückenden Gefühle im Gefolge; sie gewährt Gewissensruhe und Seelenfrieden. So sagen mit einem Schein von Recht Schopenhauer, Jhering, Paulsen u. a. Allein sie befinden sich zum mindesten in einer argen Selbsttäuschung. Denn unter der Voraussetzung eines hinreichend hohen Grades ethischer Sensibilität und soweit diese nicht etwa durch den gewohnheitsmäßigen Gebrauch derartiger Lügen abgestumpft ist, wie dies z. B. bei einem, ob auch sittlich hochstehenden Arzte wohl denkbar, ist nicht zu bezweifeln, daß jede, auch die zuletzt charakterisierte Notlüge von einem Gefühl der Beschämung oder wenigstens schmerzlichen Bedauerns begleitet wird. An Stimmen, die diese bemerkenswerte Tatsache zugestehen, fehlt es denn auch nicht. Schon Platon wußte nicht woher die Kühnheit und die Worte nehmen, um die Lüge als Mittel zur Erfüllung hoher Pflichten anzuempfehlen, und er vermochte es nur mit einem Gefühl innerer Beschämung (Rep. III, 414 d—e). Von den Neueren findet Herbart, daß auch die zu billigende Lüge noch zu einem häßlichen Mißverhältnisse führe. Auch Lipps ist der Meinung, daß eine solche Lüge den, der sie gebraucht, bedrücken würde und von ihm sittlich verurteilt werden müßte, und in fast rührender Weise beschreiben die Theologen Martensen und Burger den Zustand der Zerrissenheit und des Schuldbewußtseins in der Seele eines Menschen von sittlicher Gesinnung, der von dem, auch von ihnen in der Not für zulässig gehaltenen Mittel der Lüge Gebrauch gemacht hat. Alle diese Bedenklichkeiten und Gewissensskrupel erscheinen gewiß zunächst auffallend, da es sich doch hier-

bei immer nur um die Anwendung einer Lüge in Erfüllung einer sittlichen Pflicht handelt; doch sind sie nicht
schwer zu deuten. Aus der bloßen Abweichung von dem
gewohnheitsmäßigen sittlichen Verhalten sind sie freilich
nicht zu erklären. Vielmehr sind sie anzusehen zunächst
als ein Symptom der inneren, sich unwillkürlich durch-
setzenden Zustimmung zu dem oben ausgesprochenen allgemeinen Werturteil, daß die Lüge als solche unsittlich
ist, und liefern somit einen wichtigen Beleg für die
Richtigkeit der in diesem Sinne erfolgten Entscheidung
einer Hauptfrage des Problems; sodann sind sie eine
Folgewirkung der Beurteilung der eigenen moralischen
Person und der sittlichen Lage, welche zur Anwendung
der Notlüge geführt hat, unter Zugrundelegung jenes,
kraft innerer Nötigung anerkannten absoluten Maßstabes.

Denn mit der allgemeinen Feststellung, daß die Verknüpfung der Begriffe Pflichterfüllung und Schuld als
gleichzeitige Prädikate menschlich-sittlichen Verhaltens einen
Widerspruch in sich schlösse, ist es nicht getan. Nur ein
vorschnelles Urteilen kann behaupten, daß jeder, der sich
im Konflikt der Pflichten nach bestem Wissen und Gewissen, also pflichtgemäß entschieden hat, darum auch
über jeden Tadel erhaben sei. Ein Kollisionsfall ist doch
nicht notwendig eine in ihrem Anlaß zu dem Ablauf
des sittlichen Lebens außer aller Beziehung stehende Verwicklung. Er ist vielmehr im Zusammenhang mit seinen
Bedingungen zu betrachten; alsdann erst wird sich über
das Verhalten des in einem Konflikt Handelnden ein
vollständiges Urteil fällen lassen.

Der Konflikt der Pflichten ist, wie dies jede Erfahrung
bestätigt, die Folge entweder menschlicher Unzulänglichkeit
oder menschlicher Schuld. Der erstere Fall ist der eigentlich tragische, eben weil hier die nur durch das Mittel

der Lüge beizulegende Verwicklung nicht durch menschliches Verschulden herbeigeführt worden ist. Denn wer könnte dem Manne die liebevolle Sorge um die Erhaltung des Lebens seiner todkranken Gattin als Schuld zurechnen, oder dieser ihren körperlichen Zustand, der sie unfähig macht, eine bittere Wahrheit zu verwinden, oder gar die Liebe zu ihrem Kinde, welche ihr die Frage nach dessen Befinden eingibt, wodurch sie ihren Gatten in einen Konflikt der Pflichten versetzt?

Ist der Konflikt aber in menschlicher Schuld begründet, so ergibt sich als der nächste Fall der, daß der zum Handeln im Konflikt Gedrängte diesen durch sein eigenes früheres Tun oder Unterlassen selbst veranlaßt hat oder wenigstens daran Mitschuld trägt. „Die Unvermeidlichkeit der Notlüge — sagt Leop. Schmidt (S. 411) — ist vorherrschend eine Folge der geringen Energie, mit der die sittlichen Faktoren in uns wirken. Denn wir brauchen sie häufig, weil uns im gegebenen Augenblick das rechte weder die Wahrheit noch die Liebe verleugnende Wort fehlt, und ebenso häufig ist sie der Ausdruck unserer Ohnmacht gegen die Sünde. Weil unsere Rede nicht eindringlich genug ist, um den Sinn des zu verderblichem Tun entschlossenen Freundes zu wandeln, weil unser Blick nicht streng genug ist, um den unberufenen Erforscher des uns anvertrauten Geheimnisses zu strafen, weil unsere Sorge nicht wachsam genug ist, um in den uns zunächst umgebenden Personen das Aufkeimen von Stimmungen zu verhindern, die ihre Lebensbeziehungen zu erschüttern drohen, aber fremden Augen unbedingt verborgen bleiben müssen, so greifen wir zur Unwahrheit, um die schlimmsten Folgen dessen abzuwenden, was zu ersticken wir nicht die Kraft haben. Wir bleiben mit Bewußtsein hinter unserem Ideale zurück, weil wir die feffel einer Schuldverkettung an uns tragen, die wir nicht sofort zu zerreißen vermögen."

So bedeutungsvoll indessen diese Entstehungsweise des Konfliktes der Pflichten auch ist, so besteht daneben doch die Möglichkeit, daß derselbe gänzlich durch fremde Schuld herbeigeführt wird. Man denke nur an das besonders drastische Beispiel des Rasenden, der einen Unschuldigen verfolgt und nach dessen Versteck fragt. Es wird ja nicht leicht heute ein Ethiker empfehlen, nach Fichtes Anweisung jenem entgegenzutreten, dem man doch nach seinem ganzen Auftreten schwerlich mit moralischen Vorstellungen kommen könnte, so daß man von vornherein ein Menschenleben, das eigene oder das des anderen aufs Spiel setzen müßte. Aber selbst für das des anderen würde eine sittliche Betrachtung Schonung erheischen, um so mehr als sein Vorgehen völlig unter der Herrschaft eines Affektes steht und er nach vollbrachter Tat diese vielleicht aufrichtig bereuen würde. Hier muß man vielmehr die Voraussetzungen für eine Notlüge als gegeben erachten und Fichtes Ratschläge ablehnen, dessen hierin sich aussprechende mannhafte Gesinnung gleichwohl nicht Spott verdient, sondern auf die Hochachtung aller Sittlichdenkenden Anspruch hat.

Aus dem hier über die Entstehung des Konfliktes der Pflichten Gesagten folgt nun leicht, wann der in einem solchen Falle richtig, d. h. pflichtgemäß sich Entscheidende dennoch einer sittlichen Schuld geziehen werden und sich selber zeihen muß. Dann und in dem Maße wird es der Fall sein, als er selbst an der Entstehung des Konfliktes schuld trägt. Dann wird er trotz der in dem konkreten Falle bewiesenen sittlichen Gesinnung alle Ursache zur inneren Beschämung haben. Denn durch eigenes Verschulden oder doch nicht ohne seine Mitschuld

geriet er in eine Lage, die ihn nötigte, um größere Schuld
fernzuhalten, zu dem an sich verwerflichen Mittel der
Lüge zu greifen. Damit aber ist jeder Widerspruch in
der gleichzeitigen Charakterisierung menschlichen Verhaltens
als pflichtmäßig und dennoch nicht frei von Schuld durchaus vermieden. Denn, wie man sieht, trifft das erstere
der beiden Prädikate die einzelne Handlung, die sittlich
richtige Entscheidung im Konflikt; das zweite tritt er-
gänzend hinzu, sobald man neben jener Einzelhandlung
noch das vorausgehende sittliche Verhalten ins Auge
faßt, aus welchem als ihrer Bedingung die sittliche Verwicklung erwachsen ist. Eine Beschränkung der sittlichen
Beurteilung auf die einzelne Handlung, womit sich manche
Ethiker bei der Behandlung der Notlüge begnügen, gibt
von menschlichem sittlichen Werte ein ganz unzulängliches
Bild, dessen Richtigstellung die Erweiterung der sittlichen
Beurteilung auf das die Einzelhandlung bedingende Verhalten erforderlich macht. — Ist jedoch der Konflikt durch
die Schuld eines anderen herbeigeführt worden, so fällt
die sittliche Verantwortung für die notgedrungene Ver-
fehlung gegen die Idee der Wahrhaftigkeit auf jenen
anderen zurück. Der zum Gebrauch einer Lüge Ge-
nötigte wird sich dann allerdings von sittlicher Schuld
frei wissen, gleichwohl aber tiefes Bedauern darüber
empfinden, in eine solche Lage gebracht worden zu sein.

Denn eines kann der, welcher eine Lüge, obzwar
pflichtmäßig und schuldlos ausspricht, in keinem Falle ver-
meiden: die „Verzichttuung auf seine eigene Persönlichkeit“,
wie Kant sagt, die aus der Selbstnegation entspringende
Schädigung, die er sich damit zufügt. Diese bleibt ihm,
auch wenn er die Schuld an dieser Verletzung der Pflicht
gegen sich selbst mit höchstem Rechte anderen zurechnet;
denn sie ist in und mit der Lüge gegeben. Zwar nicht

die Schuld, wohl aber der Schaden haftet notwendig
an ihr; und dieser verfehrt die moralische Person allzu-
sehr, um nicht schmerzlich gefühlt zu werden.

Erweist sich also die Lüge selbst in dem Falle ihrer
pflichtmäßigen und zugleich schuldlosen Anwendung noch
als ein Übel, so muß jedes würdige Mittel willkommen
sein, das sich darbietet, einem solchen Konflikt vorzubeugen,
und jeder gangbare Ausweg, der sich öffnet, jenen zu umgehen, wenn er einmal entstanden ist.

In ersterer Beziehung gibt es vielleicht überhaupt
nur ein einziges Mittel von wahrhaft ethischer Bedeutung,
jenes nämlich, das Schleiermacher in der Mahnung ausspricht: es möge jeder alle seine Verhältnisse so ordnen,
daß die Notwendigkeit einer Notlüge gar nicht entstehen
kann, eine Mahnung, die sich auch den angeführten Worten
L. Schmidts über die hauptsächlichste Entstehungsart des
Konfliktes entnehmen läßt. In der Tat, wer seine ge-
samte Lebensführung nach sittlichen Gesichtspunkten einzurichten trachtet, der hält, soviel an ihm liegt, eine
Zwangslage von sich fern, aus der er sich nur durch
eine Lüge herauszuhelfen im stande ist.

Zur Vermeidung der Notlüge in einem bestehenden
Konflikt hat man verschiedene Mittel vorgeschlagen, die
aber nicht alle einer kritischen Prüfung standhalten, zum
Teil vielmehr, weit entfernt davon, ihren Zweck zu er-
füllen, in erhöhtem Maße die Pflicht der Wahrhaftigkeit
verfehlen lassen. Das nächste und einfachste Mittel, die
Dissimulation, sofern man unter ihr die bloße Zurückhaltung oder das Verschweigen der Wahrheit versteht,
läßt sich nicht als solche entweder als sittlich erlaubt
oder unerlaubt erklären. Das bloße Schweigen kann
nämlich einen bestimmten Sinn, z.B. den einer Zustimmung
haben (qui tacet consentire videtur); der Dissimulant

aber, der durch sein Schweigen einen Irrtum in anderen hervorzurufen oder sie in einem solchen zu belassen suchte, würde sich offenbar einer Lüge schuldig machen. Es kann ferner schon Rechtspflicht sein, die volle Wahrheit zu bekennen, wie z. B. für den Zeugen vor Gericht. Aber auch wenn eine solche nicht nötigt, so kann doch, wenn in privaten oder öffentlichen, z. B. politischen oder sittlich-religiösen Angelegenheiten Lüge oder Irrtum den Sieg zu behalten scheinen, für den, der die bessere Wahrheit zu besitzen überzeugt ist, eine hohe moralische Verbindlichkeit bestehen, furchtlos die Stimme zu erheben. In anderen Fällen dagegen kann er gar nicht berechtigt sein, sein tatsächliches besseres Wissen wider den Irrtum auszuspielen. Er könnte unter Umständen damit rechnen müssen, als einer, der sich unberufen in private Verhältnisse einmischt, angesehen und dementsprechend behandelt zu werden; oder er könnte auch in die Lage geraten, (biblisch zu reden) „seine Perlen vor die Schweine zu werfen". Die Frage der moralischen Zulässigkeit der Dissimulation kann also nicht allgemein, sondern nur von Fall zu Fall unter Berücksichtigung der besonderen Umstände entschieden werden. In diesem Sinne verstanden sind die bekannten Worte Kants völlig zutreffend, daß es nicht Pflicht ist, alle Wahrheit öffentlich zu sagen.

Ein ähnliches Mittel wird gleichfalls von Kant (S. W., 7. Bd. S. 237) erörtert: man gibt auf eine Frage eine illusorische Antwort, indem „man über die Verfänglichkeit einer solchen Frage spöttelte; aber wer hat den Witz immer bei der Hand?" Damit bestimmte er zugleich die engen Grenzen der Anwendbarkeit dieses an sich gewiß harmlosen Mittels.

Ein weiteres, ernsthafteres, auf welches schon Fichte, Herbart und Schleiermacher hingewiesen haben, besteht

darin, eine indiskrete Frage in irgend einer Form abzu-
weisen. Man muß Herbart darin beipflichten, daß, wer
es mit der Wahrhaftigkeit ernst nimmt, zu einem solchen
Verweise gar sehr bereit sein wird. Aber freilich ist auch
dieser mannhafte Ausweg aus den verschiedensten Gründen
ebenfalls nicht immer gangbar.

Es ist, wie in der Einleitung gezeigt wurde, eine
alte Streitfrage, wie man sich gewissen Fragen der Geisteskranken und der Kinder gegenüber zu verhalten habe.
Grotius meinte, daß man die einen wie die anderen,
weil sie der Freiheit des Urteils ermangeln, überhaupt
nicht im eigentlichen Sinne belügen könne; eine ganz un-
haltbare Anschauung, von der, soweit sie die Kinder betrifft, schon Pufendorf einzulenken sich genötigt sah. Auch
Herbart schließt, wie gezeigt, die Lüge Kindern gegenüber
nicht schlechthin aus. Neuerdings vertritt Cathrein (S. 81)
die Meinung, daß man Irrsinnigen und Kindern gegenüber, die den Vernunftgebrauch nicht haben, nicht lügen
könne, weil man mit ihnen nicht im eigentlichen Sinne
rede. Doch sind dies ganz willkürliche Behauptungen.
Viele Geisteskranken haben in Zeiten intermittierenden
Krankheitszustandes bekanntermaßen für das ihnen Mit-
zuteilende ein ebenso klares Verständnis wie Gesunde,
so daß die ihnen mitgeteilte Unwahrheit sich als eine
wirkliche Lüge kennzeichnet. Stellt nun ein solcher Un-
glücklicher in einem solchen lichten Augenblicke eine Frage,
deren wahrheitsgemäße Beantwortung aller Wahrschein-
lichkeit nach einen schweren Anfall seines Leidens zur
Folge haben würde, so wird man ihn zu täuschen suchen;
und mit Recht, denn hier liegt ein richtiger Konfliktsfall
vor, der schwerlich zu umgehen sein wird. Nur täusche
man sich selber nicht darüber, daß man etwas anderes
als eine Lüge gesagt habe.

Was vollends die unwahre Rede gegenüber Kindern
anlangt, so muß hier erst recht bestritten werden, daß
eine solche etwas anderes sein könne als eine wirkliche
Lüge. Denn während man allenfalls einwenden könnte,
daß die gegen Irrsinnige gebrauchte Unwahrheit in dem
kranken Geiste auf die Dauer doch nicht haften bleibe
und sie sich somit ähnlich wie die Scherzlüge von selbst
aufhebe, so trifft dies für die gegen Kinder geäußerte
Unwahrheit jedenfalls nicht zu. Denn durch diese wird
bei eigentlicher Selbstverneinung des Täuschenden dem
geistigen Besitzstande der sich entwickelnden jugendlichen
Seele ein vielleicht lange festgehaltenes bewußt unwahres
Element einverleibt. Auch haben Kinder sehr wohl die
Fähigkeit, gewisse Verhältnisse und Vorgänge zu begreifen,
auf die sich ihre Fragen beziehen, die ihnen aber besser
noch verborgen bleiben. Den hier vorliegenden Konflikt
nun scheint es ratsam mit Hülfe des zuletzt genannten
Mittels beizulegen, indem man also den Kindern kurzer-
hand die Auskunft verweigert. Indessen äußert Lipps
(S. 97 f.) Bedenken gegen diese Art, kindlichen Fragen zu
begegnen. Er meint, daß jeder notgedrungene Verzicht
auf die Beantwortung einer Frage eine Disposition zu
späterem freien Verzicht auf Erkenntnis erzeuge und dazu
beitrage, das Erkenntnisbedürfnis einzuschläfern. Solcher-
gestalt aber werde durch Unterbinden des lebendigen Triebes
nach Wahrheit, des an allem Erkennen eigentlich sittlich
Wertvollen, ein schwerer sittlicher Schaden angerichtet.
Dies muß im allgemeinen zugegeben werden. Falls jedoch die Abweisung kindlicher Fragen, die übrigens stets
in wahrhaft pädagogischer Form zu erfolgen hat, auf
die Fälle wirklicher Konflikte beschränkt bleibt, dürfte jene
mittelbare Schädigung der Kinder durch Abweisung ihrer
Fragen kaum eintreten, jedenfalls aber hinter dem sittlichen

Schaden zurückbleiben, der ihnen aus vorzeitiger wahr-
heitsgemäßer Aufklärung oder täuschenden Vorspiegelungen
erwachsen würde. Denn auch abgesehen von dem Opfer,
das der Lügende selbst auf sich nähme, würde man ihnen
durch die letzteren, da sie ja doch früher oder später hinter
die Wahrheit kommen, das verderbliche Beispiel der Lüge
geben, wovor sich der Erzieher wie vor nichts mehr in
acht zu nehmen hat.

Martensen (S. 266) betont die Bedeutung, die der
Kraft und dem Troste des religiösen Glaubens im Konflikt der Pflichten zukommt, und exemplifiziert auf viel-
gebrauchte Beispiele. Es ist auch nicht zu bezweifeln,
daß die religiösen Tugenden für die Überwindung solcher
Konflikte von hohem Werte sein können. Allein eben
weil sie nur in und mit religiöser Gesinnung gegeben
sind, können sie sich auch nur da bewähren, wo diese
Bedingung erfüllt ist, stellen also keine allgemein-möglichen
sittlichen Verhaltungsweisen in Konfliktsfällen dar.

Das berüchtigteste Mittel zur Umgehung derselben wie
überhaupt zur Bewahrung eines Geheimnisses sind die
jesuitischen Amphibologien und Restriktionen. Daß auch
H. Grotius und Pufendorf wenigstens die ersteren unter
bestimmten Bedingungen gelten lassen, macht sie um
nichts moralischer. Alle neueren Ethiker, die nicht auf
jesuitisch-katholischem Boden stehen, verwerfen sie. Rothe
(S. 367) rechnet alle Vorbehalte bei Aussagen als recht
methodischen Betrug zu den abgefeimtesten Lügen. Es
wäre auch leicht zu zeigen, daß Zweideutigkeiten sowohl
wie Vorbehalte sich nur formal von wirklichen Lügen
unterscheiden, diesen aber tatsächlich gleichkommen. Sittlich
bedenklicher als wirkliche Notlügen sind sie insofern, als
sie nicht wie die letzteren für den, der sie anwendet,
wenigstens den ethischen Idealisten, mit dem Bewußtsein

des Zuwiderhandelns gegen ein sittliches Ideal verknüpft
sind. Diese Hülfsmittel sind also von vornherein als
sittlich unmöglich abzulehnen. Bietet sich nach den besonderen Umständen auch kein sittlich annehmbarer Ausweg aus dem Konflikt der Pflichten, dann ist es immer
noch moralischer, zu dem herben Mittel der (wie Nietzsche
sagt) „ehrlichen" Lüge seine Zuflucht zu nehmen.

Denn es ist für sich selbst klar, daß es eine Möglichkeit, jeden Konflikt auf irgend eine mit wahrer Sittlichkeit
verträgliche Weise zu umgehen, nicht gibt. Wäre dem
so, dann hätte ja die Notlüge nicht Gegenstand eines so
heftigen und langwierigen Streites werden können.

Wer sich aber ihrer im Konflikt der Pflichten bedient
mit dem vollen Bewußtsein, hierdurch einer in sich gegründeten sittlichen Norm entgegenzuhandeln, der wird
gleichwohl die Früchte seiner idealistischen Überzeugung
einernten. Denn der ethische Idealismus ist weder un-
gesund noch unfruchtbar, wie Jhering meint; ihm kommt
im Gegenteil höchste Bedeutung für die Gesundheit und
Gesundung der sittlichen Persönlichkeit zu. Der Verstoß
gegen das Ideal der Wahrhaftigkeit wird den, in dessen
sittlichem Bewußtsein jenes als unverrückbares Endziel
lebt, selbst wenn er sich von der Verschuldung des Konfliktes frei weiß und die beruhigende Überzeugung besitzt,
seine nächstliegende Pflicht getan zu haben, darum doch
unter den Einfluß depressiver Gefühle bringen, die seinen
Entscheid gegen das Ideal, wie oben zur Genüge gezeigt
worden ist, unvermeidlich begleiten. Aus ihnen aber wird er
einen mächtigen Impuls zu weiterer sittlicher Arbeit an sich
und anderen empfangen, um zur künftigen größtmöglichen
Realisierung jenes erhabenen Ideals und damit zur mög-
lichsten Ausmerzung der Lüge nach Kräften beizutragen.[1]

[1] Diese Anschauung vom Wert des ethischen Idealismus, die

Ohne Zahl sind die Lobsprüche, mit denen Führer der Menschheit, nicht bloß Philosophen und Dichter, von den ältesten Zeiten bis auf unsere Tage die Tugend der Wahrhaftigkeit gepriesen haben. Und es kann kein Zweifel darüber bestehen, daß dem Menschengeschlechte in moralischer Beziehung nichts so sehr nottut als ein Fortschreiten auf der Bahn der Wahrhaftigkeit. Denn leider wird jeder, der das Leben nur einigermaßen kennt, dem zustimmen müssen, was Kant über die Macht und Ausbreitung der Unwahrhaftigkeit sagt.[1] Selbst zum Sprichwort hat sich der menschliche Hang zur Lüge verdichtet: Kinder und Narren sagen die Wahrheit.

Diese große, ja unendliche Aufgabe wird aber um so wirksamer gefördert werden können, je klarer die Einsicht in die Natur der Lüge ist. Schopenhauer charak-

---

sich aus idealistischen Voraussetzungen unmittelbar ergibt, hat schon bei Herbart ihren prägnanten Ausdruck gefunden: „Fortwährend erzeugt der moralische Mensch aus dem Tadel des Mangelhaften in seinem Tun eine neue Stärke des Entschlusses, es besser zu machen usw." (Falckenberg, Hilfsbuch z. Gesch. d. Philos, 2. Aufl. 1907, S. 58). Der Maßstab dieser Selbstbeurteilung ist natürlich letzten Endes kein relativer, empirischer, sondern notwendig ein absoluter, idealer, wie dies bei dem Charakter der Ethik Herbarts selbstverständlich ist.

[1] Entsprechend weit reichen natürlich auch ihre greifbaren Wirkungen in fast alle Gebiete menschlicher Betätigung. Bei weitem nicht am sittlich bedeutsamsten und schwerwiegendsten, aber besonders in die Augen springend äußern sie sich dort, wo materielle Interessen in Frage kommen. Um hierfür nur ein Beispiel anzuführen: von welcher außerordentlichen Tragweite wäre es wohl für die finanzielle Lage unserer Staaten und Kommunen, wenn sich die Steuerpflichtigen in ihrer Gesamtheit zu wahrheitsgemäßen Erklärungen über ihre Besitz- und Einkommensverhältnisse verstehen könnten? Die allerorten bestehenden finanziellen Nöte dürften damit mit einem Schlage behoben sein, wie dies auch vor einigen Jahren auf einem deutschen Landtage offen ausgesprochen wurde.

teriſiert die letztere (mit Rückſicht auf ihre Wirkungen) als „ein gefährliches Werkzeug". Sie iſt aber (mit Rückſicht auf ihr Weſen), wie dies hier gezeigt worden iſt und von den Jdealiſten unter den neueren Ethikern auch meiſt zugegeben wird, als ein an ſich Verwerfliches und darum ſelbſt im Falle ihrer Anwendung in Erfüllung einer Pflicht noch als ein Übel zu betrachten. Nie und unter keinen Umſtänden iſt ſie indifferent. Sie als harmlos hinzunehmen, damit zu ſpielen, über das Laſter der Lügenhaftigkeit, und wäre es auch nur an Kindern wahrgenommen, ſich zu beluſtigen, muß einem leichtfertigen, aller ſittlichen Verantwortung ſich ledig dünkenden Literatentum überlaſſen bleiben.

Bemerkung.

Die Anregung zu der vorliegenden Arbeit empfing ich von Kants obenerwähntem Aufſatze „Über ein vermeintes Recht, aus Menſchenliebe zu lügen". — Der Zuſammenhang des Problems der Lüge mit den tiefſten Fragen der Lebensanſchauung, auf den ich nachträglich aufmerkſam gemacht wurde, iſt mir keineswegs entgangen. Indeſſen beſtimmten mich gewichtige Gründe, von der anfänglich beabſichtigten Erörterung ſolcher Fragen in ihrer Verknüpfung mit dem Problem an dieſer Stelle abzuſehen. D. Verf.

Lebenslauf.

Ich, Karl Christian Häußer, bad. Staatsangehöriger, prot. Konfession, bin am 20. August 1873 zu Bühl i. B. geboren als Sohn des Postmeisters K. Chr. Häußer und seiner Ehefrau Karoline geb. Reich. Von 1880—1883 besuchte ich die Knabenvorschule, von 1883—1892 das Realgymnasium zu Karlsruhe. Darauf studierte ich an der dortigen Techn. Hochschule Maschinenwesen und war mehrere Jahre nicht ohne Anerkennung, doch ohne innere Befriedigung als Ingenieur tätig, wandte mich darum, nach Zurückdrängung eines langwierigen Nervenleidens, einem langgehegten Wunsche folgend philosophischen Studien zu, denen ich in Heidelberg, Freiburg, Leipzig, Berlin und München obgelegen habe; schon in Karlsruhe war ich nach Absolvierung meines ersten Studiums durch Teilnahme an Vorlesungen von Dr. Arth. Drews in die Philosophie eingeführt worden. Nach Abschluß meiner Universitätsstudien betrieb ich, noch ein weiteres Jahr in München, seit Oktober 1910 in Erlangen mich aufhaltend, private Studien, die sich vorwiegend auf dem Gebiete der Philosophie bewegten.

Meine akademischen Lehrer waren folgende Herren Professoren und Dozenten

in Karlsruhe (W.S. 1892/93 bis W.S. 1895/96): Baumeister, Böthlingk, Brauer, Bunte, Engesser, Engler, Futterer, Haid, Hart, Herkner, Keller, Knorr, Lehmann, Lindner,

Lübke, Meidinger, Sayer, Rasch, Riffel, Schell, Schenkel, Schröder, Wedekind, Weinbrenner, Wiener,

in Heidelberg (S.S. 1904 und W.S. 1904/05): Bettmann, Elsenhans, Marcks, Thode, Windelband,

in Freiburg (W.S. 1905/06 und S.S. 1906): Finke, Michael, Rickert, Uebinger, Wahl, Wolf,

in Leipzig (W.S. 1906/07 und S.S. 1907): Bücher, Eulenburg, Lamprecht, O. Mayer, Stieda, Volkelt, Windscheid, Wundt,

in Berlin (W.S. 1907/08 und S.S. 1908): Dessoir, Förster, Harnack, Helm, Lasson, Nicolai, Paulsen, Pfleiderer, Riehl, E. Schmidt, Schmoller, Simmel, Wagner,

in München (W.S. 1908/09 und S.S. 1909): Bitterauf, Brentano, Cornelius, Espenberger, Lipps, Lotz, Muncker, Pauly, Rothenbücher, Scheler, Specht.